Think tank 智库

重庆综合经济研究文库

分析宏观形势 · 预测区域发展 · 提供决策服务 · 建设一流智库

改革试点发展及其案例

杨庆育
易小光 ◎编著
朱　江

中国经济出版社
CHINA ECONOMIC PUBLISHING HOUSE
北京

图书在版编目(CIP)数据

改革试点发展及其案例 / 杨庆育,易小光,朱江编著.
—北京:中国经济出版社,2019.11
(重庆综合经济研究文库)
ISBN 978-7-5136-5697-9
Ⅰ.①改… Ⅱ.①杨… ②易… ③朱… Ⅲ.①区域经济发展—研究—重庆 Ⅳ.①F127.719

中国版本图书馆 CIP 数据核字(2019)第 234030 号

责任编辑 姜 静 赵立颖
责任印制 马小宾
封面设计 久品轩装帧设计

出版发行 中国经济出版社
印 刷 者 北京艾普海德印刷有限公司
经 销 者 各地新华书店
开　　本 710mm×1000mm 1/16
印　　张 12.5
字　　数 142 千字
版　　次 2019 年 11 月第 1 版
印　　次 2019 年 11 月第 1 次
定　　价 58.00 元
广告经营许可证 京西工商广字第 8179 号

中国经济出版社 **网址** www.economyph.com **社址** 北京市东城区安定门外大街 58 号 **邮编** 100011
本版图书如存在印装质量问题,请与本社销售中心联系调换(联系电话:010-57512564)

自　序

作为曾经全程经历了我国40年改革开放的公务员，尤其又是专门从事改革工作的公务员，在我国改革开放40年之际，觉得有很多事情值得认真思考和回顾，深思熟虑之后聚焦到改革试点上。我们不仅是经历了这个时代，还由于工作的原因，亲手制定和参与了一系列的试点工作设想、设计和实践。回溯往事，我们有成功的喜悦，也有坎坷的经历，这是一段很值得总结的历史。

试点是中国的特色，中国幅员辽阔，各省的情况千差万别，要在原有的制度上走出一条新路，而且要基本确保路子的正确，难度非常大。如果能在一个较小的并具有一定代表意义的范围进行现行试点，获得一些经验和教训，那么，就可以在改革中少走甚至不走弯路。我们在实践中深刻体会到，正确的试点是改革成功不可或缺的重要路径。尽管我国的试点可以追溯到20世纪50年代，但真正具有广泛意义的还是始于改革开放。从重庆1983年计划单列、充分发挥中心城市的作用到2018年的自贸区改革试点，无一案例不说明，唯有试点能使改革的路越走越宽广、越走越正确！

在进行课题研究过程中，我们深感在试点的实践中，涌现出的许多典型案例很有分析的价值，所以，我们就在相应部分内容之后，选择了相关案例进行分析。这些案例从某种意义上讲,都在一个时期代表了改革试点工作的大方向,同时,也使读者能够从这些案例中了解到我国改革试点工作的进程。

本课题由杨庆育总策划并提出研究大纲,得到了中国经济体制改革研究会彭森会长的指导。由易小光主笔第一章,朱江主笔第二章,杨庆育主笔第三章并进行全课题修改协调。案例分析主要由杨庆育和朱江完成。

特别感谢以彭森为会长的中国经济体制改革研究会领导对我们设想给予的肯定和基金的支持。感谢在完成课题调研中各单位相关同志的帮助,感谢我们在完成课题中所引用资料的作者。

作者于2019年11月

目　录

第一章　经济体制改革试点理论分析

第二章　试点的主要成效和经验

第一章

经济体制改革试点理论分析

我国体制改革试点工作的历史渊源，从严格意义上讲，始于新民主主义时期。早在1943年，毛泽东同志对试点工作就有系统的论述，当年6月，毛泽东同志在《关于领导方法的若干问题》中指出："为了克服领导工作中的主观主义、官僚主义作风，我们共产党人无论进行何项工作，都要采取一般和个别相结合、领导和群众相结合的方法。当正确的意见从群众中集中起来，要重新回到群众中去，在领导意见见之实行时，要将一般号召与个别指导互相结合的思想普遍宣传，并在以后应用此方法于一切工作。亦即是突破一点，取得经验，然后利用这种经验去指导其他单位。"① 毛泽东同志讲的就是试点。试点方法是他的一个创造。毛泽东同志在总结我国革命成功经验和失败教训的基础上，站在世界观的角度，形成了哲学巨著《实践论》和《矛盾论》。随后，又将《实践论》和《矛盾论》作为思想武器，开展全党整风运动，从而总结经验教训、改进领导方法、提升思想认识。在此过程中，形成了试点的方法和理论，是我党实事求是思想路线的具体化和深化。对土改运动以及新中国成立后的"三反五反"、土地改革、农业合作化等，都起到了很大的指导作用，效果明显。同时，在实践过程中，试点方法和理论内涵也得到了进一步的发展和完善。

---

① 毛泽东选集(第三卷)[M]. 北京:人民出版社,1991:897－902.

本书研究具有以下特点：一是主要以 1978—2018 年我国经济体制改革开放为研究对象；二是探索 40 年改革试点的重大意义和理论价值；三是尽可能采用专栏和图表等方式，反映我国经济体制改革试点的实际进程和方法；四是面对全面深化改革的新实践，开展探索和研究。

一、经济体制改革试点的重大意义

以 1978 年 12 月 18 日召开的党的十一届三中全会为标志，我国迈入了社会主义建设的新阶段，进入了改革和开放的时代。40 年弹指一挥间，但改革开放使中国发生了翻天覆地的变化，通过改革上层建筑领域的体制，极大地推动了国家生产力的快速发展，使相对贫穷落后的中国一跃成为当今世界第二大经济体，人民生活水平得到了极大的提高，正在迈入全面小康社会。40 年的改革成就离不开一个重要的方法，即改革试点，试点对我国经济体制改革的推进和深化起到了积极的推动作用。当前，我国已经进入新时代，发展仍处于重要战略机遇期，但面临复杂的国内外环境，改革进入深水区、攻坚克难阶段，需要进一步总结改革开放以来改革试点工作的经验，深刻认识试点工作的重大意义、理论价值和实践价值，以习近平新时代中国特色社会主义思想和党的十九大精神为指导，提出经济体制改革试点的创新方法和路径，在全面深化改革进程中充分发挥试点工作的功能作用，为实现全面小康和走向社会主义现代化进程作出更大的贡献。

在我国 40 年改革实践中，“试点”成为保证改革成功的金钥匙。改革开放 40 年实践表明，以经济体制改革试点推动全局改革，探索可复制、可推广的经验做法，带动面上改革，是我国在推动经济体制改革过程中形成和发展的一条最典型的经验。经济体制改革试点，体现了对事物矛盾普遍性与特殊性辩证关系的科学认识，能够为各地各部门抓好改革工作和推进改革向纵深发展指明行动方向。坚持在改革中系统设计、试点先行，分类分层推进，是准确把握改革方向，发挥试点对全局改革的示范、突破、带动作用，为面上改革提供可复制、可推广的做法，实现顶层设计和基层探索良性互动的核心路径。历史经验表明，试点已不仅仅是一种工作方法，对它在改革进程中的重要意义、理论价值和实践价值的认识需要不断得到深化。

（一）试点是马克思主义基本原理在认识客观规律上的具体运用

马克思主义最重要的理论品质，是时时、事事都要从实际出发，遵循发展的一般规律，通过理论联系实际，坚持实事求是，在实践中不断检验真理，发展真理。① 唯有如此，真理才能不断地提升和升华。实践是检验真理的唯一标准，也是认识规律、把握规律、运用规律推动各项事业发展的必由之路。试点是中国共产党把辩证唯物主义和历史唯物主义运用到实际工作中的一项伟大创造。从我国革命和实践的历史来看，试点方法是毛泽东同志的一个创造，并被一代又一代的领导人继承和发展，运用在当下的改革开放实践中。毛泽东同志在《实践论》《矛盾论》等著作中，把辩证唯物主义和历史唯物主义运用到领导工作中，将党的实事求是思想路径具体化，进一步丰富和细化了马克思主义辩证法和认识论，试点方法成为毛泽东思想宝库中的重要组成部分。改革开放总设计师邓小平同志，一直把“摸着石头过河”

① 马克思主义基本原理概论编写组．马克思主义基本原理概论[M]．北京:高等教育出版社，2013.

当作推动改革和深化改革的总体思路、实现路径和科学方法①。他在1978年12月《解放思想，实事求是，团结一致向前看》一文中指出，要在全国全面改革之前，在基础较好的地区、成熟的领域和行业，先行示范，总结经验，进而逐步推开，试验中间会出现各种矛盾，我们要及时发现和克服这些矛盾②。党的十八大以来，习近平总书记进一步指出，"摸着石头过河"是富有中国特色、符合中国国情的改革方法。"摸着石头过河"和加强顶层设计是辩证统一的，推进局部的阶段性改革开放要在加强顶层设计的前提下进行，加强顶层设计要在推进局部的阶段性改革开放的基础上来谋划。③

党的十九大强调了全面深化改革，这就代表着新时代中国特色社会主义必须要以更全面的视角、更广泛的领域、更深刻的认识，进一步深化提出全局性的策略、系统性的路径，只有这样才能与当前我国经济社会发展新需求相匹配、相适应。全面深化经济体制改革，更好地认识和处理政府和市场的关系，处理好国际国内各方面关系，涉及国有企业改革、创新驱动发展、政府职能转变、财税体制改革、金融体制改革、新型城镇化、构建对外开放新体制、生态文明体制改革、社会事业相关改革、改革试点和改革督查评估等众多重点领域，领域广、任务重、难度大，必须在正确理论指导下，选择科学的发展路径和方法。进一步抓好经济体制改革试点工作，就是要顺应新时代要求，以习近平新时代中国特色社会主义经济思想为指导，尊重基层实践，

---

① 王立胜．新时代全面深化改革的理论思考［J］．中国特色社会主义研究，2019（1）：27－931＋55.

② 王达阳．"摸着石头过河"的来历［J］．四川党的建设，2018（14）：76－77.

③ 王立胜．新时代全面深化改革的理论思考［J］．中国特色社会主义研究，2019（1）：27－31＋55.

尊重历史规律，把握改革节奏，在重点领域和关键环节先行先试，总结经验，探寻规律，以“点”上总结的经验教训指导“面”上全面改革，以遵循历史经验促进制度、模式创新，以改革试点促进和带动全局改革，探索经济体制改革的实现路径和实现形式，取得全面深化改革的成功，从而推动全面小康的实现和踏上现代化建设的新征程。

（二）试点是推动经济体制改革起好头迈开步的关键

40 年来，我国坚持试点先行，抓住主要矛盾和矛盾的主要方面，分类分层推进经济体制改革，在经济体制改革和开放开发空间的不断推进上起好头迈开步。先易后难、循序渐进，先后经历了三个重大的理论突破①。

一是从改革开放之初到 1984 年，我国首次提出建设有中国特色的社会主义理论，并实施了国民经济体制改革和对外开放，确立了“计划经济为主，市场调节为辅”的发展思路。1979 年 12 月 26 日，邓小平同志进一步指出，“我们是计划经济为主，也结合市场经济，但这是社会主义的市场经济”。随后，在 1982 年 9 月召开的党的十二大，正式确立“计划经济为主，市场调节为辅”的发展方针。针对部分产品的生产销售环节，仅通过市场调节，而不是计划命令性的指导，这在当时是一次重大的突破。

二是从 1984 年到 1992 年，我国提出有计划的商品经济，并将城市经济体制改革提上议事日程。改革的实践也逐步打破了市场调节作用“为辅”的框架。1984 年 10 月，党的十二届三中全会胜利召开，出台了《中共中央关于经济体制改革的决定》，标志着我国进入了经

① 罗云平．两种资源配置方式的失灵与两种资源配置方式的结合［J］．兰州学刊，2002（5）：44－46＋36.

济体制全面改革的新阶段。明确了社会主义计划经济是在公有制基础上的有计划的商品经济。商品经济的充分发展，是社会主义经济发展的不可逾越的阶段，是实现我国经济现代化的必要条件[①]。党的十三大进一步提出，“利用市场调节推动的社会主义商品经济，绝不等于搞资本主义”。[②] 社会主义有计划的商品经济，不但是传统社会主义经济理论的继承，而且是传统社会主义经济理论的又一次重大升华和突破。

三是1992年至2007年，在这一阶段，我国社会主义市场经济体制初步形成。1992年，改革开放总设计师邓小平在南方谈话中进一步指出，“计划多一点还是市场多一点，不是社会主义与资本主义的本质区别。计划经济不等于社会主义，资本主义也有计划；市场经济不等于资本主义，社会主义也有市场。计划和市场都是手段”。[③] 这一科学性判断，使全国上下对计划、市场的关系和内涵、路径和思路有了更加深入的认识。同年召开的党的十四大进一步明确了我国经济体制改革的目标。次年召开的十四届三中全会通过的《中共中央关于建立社会主义市场经济体制若干问题的决定》，成为这一论断的系统性总结。进一步将党的十四大提出的目标任务和原则路径进行了深化和拓展，为全国继续深化改革勾画出总体蓝图，为后续全面推进经济体制改革打开了大门、奠定了坚实基础。1993年颁布实施的《中华人民共和国宪法修正案》，确立了我国社会主义市场经济体制，也是社会主义市场经济理论体系初步形成的重大标志。2003年，党的十六届三中

---

① 《中共中央关于经济体制改革的决定》，中国共产党第十二届中央委员会第三次全体会议一九八四年十月二十日通过[N]. 人民日报，1984-10-21.

② 中国共产党第十三次全国代表大会上的报告[N]. 人民日报，1987-11-04.

③ 李铁映. 重读邓小平《南方谈话》——纪念邓小平诞辰110周年[J]. 先锋，2014(3)：3-11.

全会通过的《中共中央关于完善社会主义市场经济体制若干问题的决定》，系统总结了我国改革开放以来经济体制改革的理论和实践，初步建立了我国社会主义市场经济体制。

党的十八大以来，以习近平同志为核心的党中央对经济领域重大改革任务进行了重点关注。重点选取一系列重大试点，深耕细作改革“试验田”，为推进全国面上改革积累了丰富经验、激发出生机活力。实践证明，试点是重要改革任务，更是重要改革方法，通过加强顶层设计与“摸着石头过河”相结合，抓好试点对改革全局意义重大，经济体制改革试点能否迈开步子、趟出路子，取得看得到、摸得着的实效，直接关系改革全局。

当前，随着我国经济体制改革已进入攻坚期和深水区，其艰巨性和复杂性愈加凸显，利益格局更为复杂，困难挑战更为多元，需要正视的问题多是重大问题和敏感问题，不少触及深层次社会矛盾，涉及利益关系调整，是难啃的硬骨头。一方面，政府与市场的关系尚未完全理顺，政府职能缺位、越位、错位仍在发生；区域城乡协调发展机制仍不健全，区域差距水平依然较高，城乡之间要素流动与人口流动存在结构性不协调或不平衡。另一方面，微观经济主体活力依然不强，财政事权和支出责任相适应的制度依然不完善。因此，要走出困局，打破僵局，带动全局，啃下改革这块硬骨头，就需要创新方式方法，既需要顶层设计，更需要通过试点，进一步深入探索改革的核心实现路径，系统设计政策体系，为在全国范围全面深化改革提供可复制可推广的成功经验，进一步突出发挥好试点对改革全局的示范、突破和带动作用，做好经济体制改革这篇大文章，推动我国经济高质量发展。

推动经济体制改革试点，就是在重大决策或工作部署正式出台之前，先选择若干领域和单位进行“小面积、小范围、小规模”试验，总结经验，探寻规律，再将改革方案继续推向深入和完善，将试点中的突出问题、个性问题与全面改革的共性难题比对、结合起来，探求全面改革中的重大政策设计、重点路径谋划。推动经济体制改革试点，不仅可以少走弯路，减少风险，防止出现大的失误，降低决策成本，而且对全局工作具有重要的方向引领、战略突破和战术指导作用，是一种重要的领导方法和工作方法，也是全面深化经济体制改革的重要任务和重要方法，是改革破局开路的重要一招。

专栏 1－1　改革前 15 年试点的重点地区和领域

1979 年，党中央、国务院批准广东、福建在对外经济活动中实行“特殊政策、灵活措施”，并决定经济特区，分别是深圳、珠海、厦门、汕头。福建和广东则成为全国最早实行对外开放的省份。

1984 年 4 月，党中央和国务院进一步开放大连、秦皇岛、天津、烟台、青岛、连云港、南通、上海、宁波、温州、福州、广州、湛江、北海 14 个港口城市。

1985 年 2 月，沿海地区经济发展战略确立，外向型经济的发展成为主旋律。长三角、珠三角、闽南地区和环渤海地区设立为沿海经济开放区。涵盖了 41 个市、218 个县，我国沿海地区覆盖 2 亿多人的开放带初步形成。

1988 年 4 月，海南经济特区正式设立，海南成为中国面积最大的经济特区。

1990 年，党中央和国务院着眼长远发展战略，高瞻远瞩，设立了上海浦东新区。

1992年，以邓小平同志视察南方重要讲话和党的十四大为标志，中国的改革开放进入了一个全新的历史阶段。13个沿边城市、6个长江沿岸城市、18个内陆省会城市先后开放。同时，成立了32个国家级的经济技术开发区、52个高新技术开发区、13个保税区、34个开放口岸。自此，沿海、沿江、沿边和内陆地区多层次、全方位的开放新格局初步形成。随后，又进一步设立了北京、上海等6个城市和5个经济特区各试办1～2个外商投资商业零售企业，批准63家外资（或中外合资）银行（或金融机构）在5个经济特区和上海、天津、大连、广州、宁波、青岛、南京7个城市开业经营外币业务，对金融保险、旅游、房地产等原禁止或限制外商投资的行业，也进行了开放试点。

从专栏中看出，随着改革的深入，我国经济体制改革试点从初期的面小点少、专业性强，逐渐演变为面广、领域宽的全方位改革试点，也是我国推动经济体制改革起好头迈好步的关键举措。在小范围的空间上和特定领域内，通过试点先行，尽可能地把试点过程中可能出现的问题置于可控范围内，逐步完善政策设计、发展方向和方式，进而积累经验，为进一步扩大试点，在更宽领域和更广范围推广奠定基础，为面上改革提供可复制可推广的成功经验，发挥好试点对改革全局的示范、突破和带动作用。这是中国共产党人在推动经济体制改革实践中摸索出的一条从“点”到“面”、由“个性”到“共性”，既有效率又符合中国实际的科学路径。

（三）试点是经济体制改革系统性、复杂性的客观要求

改革是一项系统工程，改革面临的环境复杂多变，改革涉及方方面面的利益关系，全面深化经济体制改革，要善谋善为方得善果。抓

好经济体制改革试点，就是要对那些必须取得突破但一时还把握不准的重大改革，鼓励和支持一些具备条件的地方先行先试，或者在改革试验区进行探索。成功了就及时推广，出现问题就及时纠错，把风险和影响控制在局部和可控范围内。这就要求，要抓好试点这个“前哨战”“侦查岗”“试验田”，充分发挥试点为全局和深层次改革的“探路”“试错”的开创性和探索性作用，积累经验、凝聚共识在全面深化经济体制改革过程中，要坚持加强顶层设计和“摸着石头过河”相结合。既要注重系统综合设计，确保改革的正确方向，也要正确处理当前改革面临的诸多重大问题和关键矛盾，“摸着石头过河”，以探索路径、积累经验。通过渐进式、累积式改革，集腋成裘、积微成著，夺取全面深化经济体制改革的伟大胜利。同时，要围绕全国发展大局，点上实践和面上推广相结合，深入思考和探讨具有普遍意义的问题，总结具有推广意义的发展模式，通过试点，创造出具有全局性、时代性、规律性的成功经验。要立足全局，富有远见，尊重首创精神，把创新贯穿于试点工作的全过程。

要对个别试点工作的不同阶段和不同领域、环节进行系统归纳提升，使之系统化、理论化、规范化，形成具有普遍指导意义的规律和经验教训①。突出抓好经济体制改革试点，尽可能地把问题穷尽，让矛盾凸显，充分发挥经济体制改革试点的试错、探路、压力风险测试和对全局性改革的示范、突破、带动作用。进一步形成全面改革服务和支撑的实现路径模式，为全面推广的全面改革提供可复制、可推广的成功经验，既是全面深化经济体制改革的客观要求，也是被实践所

---

① 王玉堂. 习近平总书记治国理政方法论[J]. 党课参考,2019(4):6－27.

验证的务实性战略举措。这方面的事例有许多，如我国城乡发展差别问题，已经成为影响我国经济社会健康发展的突出矛盾，但解决城乡发展的差别，每个领域都会涉及方方面面，是一个系统性问题，因此国家在2007年批准设立重庆市和成都市全国统筹城乡综合配套改革试验区，积极探索，特别是重庆市，“大城市、大农村、大山区、大库区”并存，区域发展、城乡之间发展不平衡，可以说重庆的统筹城乡综合配套改革非常具有典型意义。试点取得的很多工作成果，对于全国解决城乡发展不平衡，实施乡村振兴起到了积极推动作用。

2007年6月7日，国家批复同意设立重庆市和成都市全国统筹城乡综合配套改革试验区。重庆市为推动综合配套改革试验，采取了分阶段逐步推进的实验方法。

2007—2009年进行理论设计，通过深入调查研究，形成了重庆市人民政府统筹城乡综合配套改革试验的总体方案并报经国家发展改革委批准（渝府发〔2009〕68号），明确了统筹城乡发展的总体思路。同时，以扩权强县为主的行政体制改革和对口帮扶为主的互动发展机制改革正式实施。围绕加强土地开发整理、促进农村土地流转和规模经营的农村土地制度改革率先启动。2008年12月，报经中央同意正式成立农村土地交易所，启动了地票交易试点，探索城乡土地联动、高效利用的新路径。

2009—2012年进入试点探索。重点开展户籍制度及其配套改革，引导人口合理分布；全面开展农村土地确权颁证，在实践中完善地票制度，促进农村土地流转；建立公租房制度及配套管理体系，加强城乡住房保障；扶持小微企业发展，促进农民工就业创业。与此同时，重庆也开展集中居住点建设和水、路、电、气、房、优美环境“六到农家”的农村公共服务标准化试点探索，着力提高农村居住条件，促进了部分地区乡村旅游和生态农业的发展，增加了农户收入，使大片农村呈现满目青山、蜿蜒绿水、阡陌道路、民俗农舍、清洁家园、生态田园的景象。

2012—2016 年开始创新推进。主要完成的工作包括：从农村土地到农村产权，交易体系更趋完善。加快投融资体制改革，支撑经济平稳运行；加强公共服务供给和社会保障，促进城乡一体化发展；加快农业新模式、新机制发展。此外，重庆继续推进户籍制度改革，新的户籍制度运行平稳，对于重庆吸纳周边和农村转移人口发挥了重要作用。探索了促进和谐的现代社会管理新机制，统筹实施服务型基层组织、和谐文化、互助社区和平安社区“四个工程”建设。

2016 年底实验开始深化拓展。2016 年 11 月印发了《进一步深化统筹城乡综合配套改革工作方案》（渝府办发〔2016〕227 号），标志着重庆统筹城乡综合配套改革进入全面深化阶段。指明了在农村集体资产管理改革、促进城乡要素合理流动、推进一二三产业融合发展、促进人口合理分布、促进城乡基本公共服务均等化、建立城乡区域生态补偿机制等领域进行深化拓展的大方向。

重庆和成都两地统筹城乡综合配套改革的一些试点相对成熟的经验，如户籍制度、地票制度、农村集体资产管理等经验逐步在全国推广并在国家的相应文件中加以肯定。与此同时，改革试验还在继续深化，加快农村第一、第二、第三产业融合发展、推动非户籍人口在城市落户、促进农村产权流转交易、加强农村最低生活保障和扶贫开发等相关领域还在通过试点不断深化，为进一步深化农业农村改革、振兴乡村发挥积极作用。

表 1－1　成渝两地统筹城乡综合配套改革试点的成效和内容

领域	主要做法及成效
农村产权制度改革	对全域承包农地、林地、农村建设用地、农民房屋以及各类农村设施进行了全面、细致和规范的确权、登记、颁证，在明确集体土地和其他财产所有权的同时，把债权型的农户承包权升华为更稳定、更长久的用益物权。成都确权从郊区农村“三个集中”的推进出发，而重庆则基于“地票”交易规模的扩大，以市场发现的交易利益反推农村确权的普及。两地殊途同归的经验说明，确权本身不是目的，只是更优利用城乡资源的前提条件。反过来，市场配置资源引发的可供当事各方分享的交易净收益，也会诱使确权的推进
农村集体土地的合法流转	成渝两地分别于 2008 年 10 月和 12 月成立了市场交易平台——“成都农村产权交易所”和“重庆农村土地交易所”。成渝交易所交易的主要标的物是农村建设用地指标，指标脱胎于国土部“城乡建设用地增减挂钩”的政策安排，但成渝两地在城乡统筹改革中发展了“增减挂钩”的政策设计。扩大挂钩指标的交易半径，突破了行政部门全盘掌控，激活了地票、指标与实物土地资产的抵押功能。地票和指标交易为农民增收、优化城乡建设用地配置作出重大贡献
城乡基层治理机制	成都以建立村民议事会为突破，创建了新型基层治理机制。村党组织负责接受和审查村庄议题并召集议事会，村民议事会成为村庄常设的决策机构，村委会则负责执行。这样的治理架构，克服了村民大会不容易召开的难题，具有广泛的代表性和公信力，找到了在人口高度流动的情况下发扬基层民主的可操作方式。村民议事会因解决农村确权中的实际问题而成立，因政府引导而规范壮大，是上层设计和基层创新的有机结合。加上其他经济社会组织的广泛参与，成都农村形成了“多元共治”的新格局
户籍和住房保障制度	重庆市大幅降低农村居民进城落户的高门槛，率先提出“只要有稳定就业和合法稳定住所（含租赁）即可自愿落户”的原则，向广大农民工敞开城市大门。确保农民工转户后在就业、养老、医疗、住房、教育等方面同等享受保障，实现城乡居民在公民权利方面的平等。率先构建农民转户成本“多元分摊、逐年支付”的财务机制，由政府、社会、企业大致各占三分之一，并分 10～20 年逐年支付，有效破解了农民工市民化的资金“瓶颈”。建立了进城落户农民财产权的长期保护机制，承认进城农民依旧拥有原先在农村的各项财产权益，由他本人、而不是任何行政或社会、商业机构替他决定其财产权的处置。重庆市的改革经验表明，政策设计得当、执行得力、管理得法，开启户籍人口城市化的大门，不但不会拖累城市，反而增强城市的凝聚力和竞争力

续表

领域	主要做法及成效
基本公共服务均等化	成都破除城乡二元结构的思路是“渐近平权”。先破城乡二元的身份壁垒，着力构建城乡一体、档次多样的统一公共服务体系，再逐步收窄基本公共服务各档次的差别，最终实现城乡公共服务均等化。率先设立“耕地保护基金”，为农村居民参加社保注入启动资金，市县区政府财政支出向村级公共服务适度倾斜，创新设立“村公基金”，纳入财政预算，大幅提高农村公共服务水平。首创“有档次之差，无身份之别”的城乡社会保障一体化新体制

（四）试点是落实中央重大决策部署抢抓发展机遇的重要路径

从制度经济学角度分析，试点是国家给予地方政府和企业的重大体制政策红利。试点选择一般针对性强、代表性强、引领性强，其试点内容往往具有前瞻性，是关乎国家未来发展的重大思路和政策。试点本身为党中央重大决策部署的贯彻落实提供了路径，也为试点所在部门和地区提供了重大发展机遇，形成了国家和地方双赢的局面。从时序上看，我国改革试点有明显的递进特性。

1978 年，国家在深圳与珠海、汕头、厦门设立经济特区，拉开了中国改革开放的序幕，推动了中国日新月异的变化，而深圳则从一个渔村成长为一个国际性的大都市。

1984 年青岛等 14 个城市成为我国首批沿海开放城市，当时的许多开放政策试点，不但使这些城市受益，而且最终惠及全国，试验性的政策最终上升为国家意志。随后，沿长江各城市对外开放，内陆城市在 20 世纪末普遍形成对外开放的全方位格局。

进入 21 世纪，改革试点进入综合配套布局阶段，从东部上海浦东新区、天津滨海新区的综合体制改革试点，到中部武汉和长株潭地区“两型社会”综合配套改革试点，再到 2008 年西部重庆成都统筹城乡综合配套改革试验区的设立，为全国各种区域、各种问题，以及发展中不平衡不充分的问题都提供了试点的平台。

党的十八大以来，改革试点向着国际化、高层次水平发展。2013年9月上海自贸区在全国率先成立，自贸区成立至今，上海市国际化、法治化、市场化水平大幅提高，上海自贸区的成功经验在全国各自贸区推广，极大地推动了全国的开放水平。

专栏1－2　浦东新区开发开放是对“试点—推广”改革方法的肯定和深化

1990年4月18日，上海市浦东新区正式开发开放。浦东新区开发开放，是我国经济改革和对外开放由个别试点转向全面深化的重要标志。以浦东新区开发开放为重要契机，我国制造业转型开始发力，国家产业发展水平不断提升。从国际视野的角度，浦东新区的开发开放，使具有现代性和先进性的制造业开始在长江三角洲地区集聚发展。浦东新区开始走向代表国家参与全球竞争的发展之路。同时，浦东新区的建设和发展，也推动上海不断强化综合服务功能，为打造代表国家参与全球竞争的国际化大都市提供了强有力的支撑。

浦东新区的建设，是国家战略。旨在服务全国、示范全国。实践证明，浦东新区在开发初期，对周边地区的发展要素和经济外溢功能已经得到了发挥和印证。随后进入功能开发和完善阶段后，浦东新区又为长江三角洲等沿海地区乃至整个长江流域等内陆地区的经济发展提供服务、带动和示范作用，成为全国经济发展的“排头兵”。这种服务和带动作用，不仅表现在先进制造业产业链的扩展方面，还表现在金融、贸易和国际航运服务方面。

上海浦东新区开发开放实践是对“试点—推广”改革方法的充分肯定和全面深化，既践行了党中央的重大决策部署，也为国家全面深化经济体制改革和对外开放积累了大量由特殊向普遍的成功经验，为带动其他地区发展提供了样板和示范。

2014年10月17日，习近平总书记对《京津冀协同发展规划总体思路框架》批示指出，“目前京津冀三地发展差距较大，不能搞齐步走、平面推进，也不能继续扩大差距，应从实际出发，选择有条件的区域率先推进，通过试点示范带动其他地区发展①”。着眼党和国家发展全局，立足大历史观，雄安新区谋求探索人口经济密集地区优化开发新模式，试点区域发展的新路径，谋划打造经济社会发展新的增长极。

党的十八大以来，创新已经成为我国发展的根本动力，改革试点工作也随着新形势的发展，开展了一系列的创新试点，如济南市的GCP生态赋能“互联网+品牌孵化”模式；唐山市“互联网+退税”模式；漳州市“网上丝路”数字贸易试验区；东莞市“互联网+海关”等。此外，围绕政府职能改革的“放管服”、产业生态经济园、特殊功能协同开发等新领域都展开了一系列的实验。

案例分析1-1　苏州工业园区如何打造智慧新园区

苏州一直是江苏省的经济发展高地，面向新时代，怎么才能保持发展的领先地位，是苏州市思考的重大问题。在大数据、云计算和人工智能等新技术革命面前，他们瞄准了智慧园区这一科学定位，以科学规划为引领，坚持制度创新，强化人才智力支撑，在全国率先建立了智慧新园区。

坚持科学规划为引领，“顶层设计、规划先行”。把智慧城市建设列入区域总体发展战略，编制了工业园区信息化中长期发展规划、智慧城市发展纲要等智慧园区发展蓝图，为打造智慧园区绘就了蓝图，从

① 习近平．对《京津冀协同发展规划总体思路框架》批示[EB/OL]．新华网,2014-10-17.

物质上夯实了智慧园区的基础，高起点推进基础网络设施建设，加快新一代网络技术建设和覆盖，推动信息基础设施全面实现共建共享，高标准推进云基础设施建设，率先在国内探索电子政务建设向云模式的转变，加快推进公共信息技术平台建设。这些都得益于顶层设计得当，规划战略引领。

坚持制度创新，统筹协调推进园区建设。他们以创新为动力，成立了具有决策权力的领导小组，建立了联席会议制度，设立了信息化专项资金，健全了具有园区特色组织领导、管理协调和建设维护体系，积极探索智慧园区长效推进机制和建设发展新思路，有序地推动了智慧园区建设与发展。

坚持强化人才智力建设，夯实智慧园区的重要能力基础。他们把人才队伍建设作为推进信息化的重要任务，通过信息技术的应用推进业务模式的创新，培养一批兼具业务素质和技术能力的复合型人才；举办各类论坛、专题培训、讲座、沙龙活动。为让社会公众对信息化更加了解，建设了信息化，展示园区信息化成果、普及信息化知识，寓教于乐。为推动信息资源整合共享，建立了统一的数据中心，稳步推进政务信息融合共享，在建设人口、法人、地理信息三大基础数据库的基础上，推动统一共享交换体系和数据服务平台建设，从而整合了各部门政务服务资源，推动了“放、管、服”联动，加强了各相关部门线上服务的融合，形成了政府的综合服务能力。

坚持智慧园区的应用体系建设，始终把握“以人为本”“民生为重”的理念。强化信息化在城市规划建设、管理服务、生态保护、节能减排等领域的广泛应用，以信息化推进园区政府治理体系和治理能力现代化；围绕与居民生活密切相关的各项需求，建设完善交通、教育、医疗、人才等领域信息化应用，打造智慧生活环境，提升幸福感。把满足企业和市民的需求作为信息化建设的出发点和落脚点，推动信息技术在经济社会各领域的广泛应用。

坚持扶持以引导为手段，加速推动产业升级。大力引导企业和社会资金参与，通过设立专项扶持资金，扶持社会力量共谋智慧园区建设发展，自下而上地完善智慧园区框架，推进信息化建设；推进两化深度融合，帮助企业优化流程、提升效率、减低成本、增强竞争力；积极组织区内企业申报国家、省、市两化融合示范试点，争取各级财政专项资金，对重点标杆企业进行长期跟踪，形成企业信息化示范效应，不断提升区内企业信息化水平。

通过“五坚持”的措施，智慧园区取得了积极的效果：在信息基础设施方面，形成了高速基础网络环境，宽带城市和无线城市取得显著成效，光纤网络、4G 网络、高清数字电视网络实现全覆盖，移动网络覆盖密度全市领先，在江苏省率先试点户外 Wi-Fi 覆盖，智慧城市信息通道全面畅通。建成了集约高效的云基础设施，建成全国首个电子政务专有云，政务云资源供给已覆盖园区全部财政预算单位，政务外网核心汇聚带宽达到 20G，汇聚—接入带宽升级至 1G，智慧社区、教育和医疗、智能交通等园区重大信息系统全部完成云端部署。推动了立体、互联的感知网络体系建立，建成覆盖全部道路治安高清监控、高空瞭望、视频监控、车辆卡口系统，“人脸识别系统”在园区各主要出入口建成，逐步形成了全域覆盖、全网共享、全时可用、全程可控的立体化智能化治安防控网。

在政务服务效能提升方面，实现了政务资源共享，建成了全面、完整、权威、统一的地理、人口、法人三大基础数据库，通过统一共享交换体系和数据服务平台，实现一体化建设、分级管理应用的“集散”模式，使信息“外部交换”变为“内部循环”，政务信息化已经从单部门“分布式、数字化”进入跨部门“资源整合、协同共享”的智慧创新新阶段。“智脑”探索推动了“业务驱动”向“数据驱动”转换，运用全新的信息化、智能化手段，通过对数据进行分析挖掘、业务建模、知识运用等，推进了协同联动、规划分析、决策支持等方面的深度开发利用，为通过数据思维重塑城市管理模式提供了有力支撑。深化了政务服务体系建设，建成“政务通、居民通、企业通”平台，打造一站式服务平台，创新政府服务模式，提升政府服务水平；推动“放、管、服”联动，启动行政审批与服务综合平台、市场监督综合业务平台、综合行政执法信息化平台建设，保障了政务链服务的顺畅高效。

在城市管理服务方面，率先建成了自适应控制和路网线性联动的智能交通管控系统，实现了交通管控智能化，道路保安全、促畅通能力明显改善，成为苏州市“城市大脑”应用试点；依托园区城市公共信息服务平台，为规划、建设、国土、房产等20多个部门提供统一服务，提升城市规划建设、管理服务、生态保护、节能减排等领域智能化水平。通过国内首创城市部件实时更新机制的数字城管，实现城市管理的智能化、精细化和长效化。智慧安监构建了安全生产监管智慧化网络，提高了安监部门监督执法效率；建成低碳能源公共服务平台，成为国内首个区域节能低碳管理平台；建成公安人口专题库，提升了园区人口数据广度和准确度，为园区人口库的优化完善提供支撑和保障。率先打造了集政务、事务、服务于一体、国内领先的智慧社区综合服务管理平台，构建了“一口受理、一门办结、全科社工、全天服务”的社区为民服务模式，成为全国首批“社区服务信息惠民工程智慧社区建设”试点；智慧教育品牌形成终身现代化学习教育新格局，为“学生、教师、管理者、家长、居民”等带来了学习、生活方式的改变，显著提升了园区教育综合发展能力，获国家“智慧教育数字化学习示范区”称号；建成智能公交，提升园区线路信息准确率，有效吸引公众通过公交绿色出行，获得中国通信工业协会的“城市智能交通系统规划及建设方案奖”。亲商营商环境更加优化，依托社会信用体系平台，建立了园区法人信用库及重点人群信用库。通过平台完成园区成员单位信用信息的归集，实现了信用数据“一处采集，集中上报”，借助大数据打造诚信园区的良好营商环境。

在产业发展转型升级方面，试点应用与产业发展实现互动提升，依托“云彩试点”示范带动效应，累计推动园区企业的多个项目开展应用示范试点，涌现出一批增长快、带动力强的行业细分领域龙头企业；一批园区企业在主板上市、人工智能领跑、大规模融资方面已经处于领先水平。工业化和信息化深度融合发展使园区企业信息化发展水平持续提升，先后获得国家两化融合示范区、创新型科技园区等荣誉，树立一批试点示范应用标杆，数百家企业荣获两化融合示范试点企业称号，一批企业成为江苏省优秀互联网化服务机构。

苏州打造慧新园区，是与园区开发建设20多年来，始终将信息化和智慧城市建设作为推进新型城镇化重要手段分不开的。他们高起点推动信息化建设，多领域推广信息化应用，先后获得全国首个数字城市建设示范区、首批国家智慧城市试点、国家级开发区信息化工作先进单位、智慧开发区建设领先区等荣誉。更重要的是，在一以贯之的持续努力推动下，已经逐步探索出具有园区特色的发展路径和推进模式。这为全国的工业园区探索发展新路径、构筑竞争新优势、培育构造新动能树立了一个全新的试点样板。

40年改革开放历程，是开放促改革，以农村改革试点带动城市全面改革，以经济特区改革试点推动经济体制改革的历程。从低级到高级、从项目到系统、从单一到综合、从模式到创新，40年辉煌成就，关键在于每个阶段、每个领域的改革，党中央都鼓励基层敢闯敢试，基层的试点取得成功后，中央对一些成熟的经验和做法及时总结和推广，为全国深入推动经济体制改革提供了决策依据和政策试验。同时，全国各地的试点单位，都积极利用历史发展机遇，在改革开放中走在前列，推动了当地经济社会的发展，这是国家意志和地方积极性有机融合的充分体现。

二、我国经济体制改革试点的理论价值分析

从认识论角度，经济体制改革试点蕴含着马克思主义辩证唯物主义和历史唯物主义的基本原理，是以毛泽东同志为主要代表的第一代中国共产党人，在探索中国革命和建设事业中积累的宝贵经验和对事物发展规律的认识在经济体制改革中的具体运用。而改革开放40年经济经济体制改革试点的具体实践，进一步丰富了马克思主义、毛泽东思想的认识论和方法论，也进一步丰富了中国特色社会主义理论，具有新时代我国改革开放事业的重要理论价值。

（一）改革试点蕴含着辩证唯物论和历史唯物论的基本原理

试点方法体现在毛泽东思想中。如前所述，早在1943年6月，毛泽东就认为何项工作都要采取一般和个别相结合、领导和群众相结合的方法。即通过试点取得经验，然后利用试点经验去指导其他区域。邓小平同志指出，“体制改革要做到方法细密，步骤稳妥，就要先进行试点”①。习近平总书记也强调“试点是重要改革任务，更是重要改革方法”②。美国诺贝尔经济学奖得主科斯在《变革中国》一书中认为，“以试点复制推广为内核的改革方法论是中国市场经济持续稳定发展的关键秘钥”③。因此，试点不仅是一种具体的改革方式和手段，更是体现了马克思主义、毛泽东思想和中国特色社会主义理论的一种方法论。

---

① 谢毅．邓小平怎样看待政治体制改革？［J］．红旗文稿，2012(11)：9－11.

② 习近平总书记在中央全面深化改革领导小组第十三次会议上的重要讲话［Z］．2015－06－5.

③ 罗纳德·哈里·科斯，王宁．变革中国：市场经济的中国之路［M］．北京：中信出版社，2013.

1. 改革试点是对矛盾普遍性与特殊性辩证关系的正确运用

马克思主义哲学认为，矛盾的普遍性与特殊性是相互依存的，普遍性存在于特殊性之中，特殊性中包含着普遍性。经济体制改革试点的目的是从试点的实践中找出经济体制改革的一般经验和做法，以指导整个经济体制全面性的改革。这种从改革试点的实践中找出一般规律以指导面上工作的做法，体现了矛盾论中特殊性与普遍性的辩证关系。经济体制改革试点是点与面的矛盾统一体，点中有面，面中有点，二者在一定条件下互相转化，是对立统一的。

就全国而言，试点就是一个点，是推动经济体制全面深化改革的一把“金钥匙”，是推动改革工作的“前哨站”和“侦察岗”，承担着示范、突破和带动的重大战略任务。就经济体制改革试点内部而言，它就是一个面。经济体制改革往往涉及国民经济各部门，牵一发而动全身。这就要求有关部门在制定执行方针政策时，做好全盘考虑、统筹兼顾的文章。只有完善跨部门的统筹协调机制，协同推进配套政策措施，才能汇聚各方改革力量，各尽其责、合力攻坚，做好改革试点的工作。

经济体制改革试点目的决定了试点选择标准必须遵循典型性、普遍性基本原则。因此，改革试点必须着眼大局，多探讨一些普遍性、深层次的问题，多总结一些全局性、政策性、指导性的模式、原则和做法，多创造出具有时代性、规律性的经验，为面上改革树立“活样板”。如果改革试点选择违背这个原则，就不可能从试点中总结出一般性的经验和规律，从而失去了指导经济体制改革全局的价值和意义。

同时，根据毛泽东在《矛盾论》中提出的“一般寓于个别之中，通过个别表现出来”的基本观点，改革试点的普遍性不是孤立存在的，它存在于特殊之中，受到特殊性的限制。任何改革试点经验总是或多或少带有一定的特殊性，因此，在改革试点经验推广应用过程中，不能生搬硬套，必须把试点经验与本地区的实际情况结合起来，才能真正解决本地区经济体制上存在的主要弊病。中国农村和城市改革探索实践就是遵循了这一原理。

我们通过改革初期实践，足以说明这个基本原理。1978 年，党的十一届三中全会提出，要根据新的历史条件和实践经验，对经济管理体制和经营管理方法进行改革。随后，以家庭联产承包责任制为主要内容的农村经济体制改革和以扩大企业自主权为主要内容的城市经济体制改革试点工作全面启动。城乡改革充分调动了农民群众、企业及地方政府等基层工作者的积极性。在试点过程中，采用包产到户、包干到户、企业承包制、租赁制等不同经营方式，分阶段、分问题不断总结出由点及面的一般规律，把试点经验及时推广到面上去。

在农村改革方面。20 世纪 70 年代末，安徽、四川和内蒙古等省份自主性进行包产到户、包干到户等家庭联产承包责任制改革探索，中央对之经过了默许现状、允许边远贫困地区试验，以及在全国范围推行等几个阶段的演变。特别是党的十一届三中全会召开之后，家庭联产承包责任制成为农村改革的主要形式，农业的经营模式由集体经营为主变成以家庭经营为主。家庭联产承包责任制赋予农民对土地生产、经营活动的自主权，将农民从单纯的劳动者变成既是生产者又是经营者，极大地调动了农民生产的积极性，激活了劳动、土地等生产要素的潜力，解决了农业劳动和经营激励问题。农村改革是典型的由点到面的改革，极大地解放了农村生产力，对我国经济体制改革起到了示范和引领作用。

在城市改革方面。以扩大企业自主权为主的试点拉开了序幕。1978 年 10 月，四川开始选择了 6 家企业进行扩大企业自主权的试点，不久拓展到 100 家；国家汲取四川的实践经验，在北京、上海、天津等区域选择企业进行扩权试点，随后要求各地方、各部门都选择一些企业进行试点，到 1980 年发展到 6600 户①。在试点过程中，企业主要围绕国家、企业与职工之间的责任、权利、利益关系，实施经济责任制改革，先后试行了厂长（经理）负责制、企业承包制、租赁制和股份制等形式，重点解决了职工劳动、企业及其经营者的激励问题，努力克服企业吃国家“大锅饭”和企业内部吃“大锅饭”现象，企业生产经营状况得到初步改善。同时，允许和鼓励非国有经济发展，抓大放小以及引进外商直接投资，为国有企业提供了竞争压力和经营动力。

2. 改革试点是对马克思主义毛泽东思想认识论的科学运用

“实践—认识—实践”是马克思主义认识论的基本观点，认识来源于实践，还要在实践中得到进一步检验并得到提升。经济体制改革试点的根本任务是通过实践探索来检验业已形成的认识，并充实和丰富这个认识，进而指导实践。这表明经济体制改革试点具有实践性和探索性，在“实践—认识—实践”过程中发挥着桥梁和纽带作用。

试点方法的基点是它的实践性，但又区别于一般的实践，它还带有强烈的探索性。我们在观察问题时，往往受到主客观种种条件的限制，对事物本质和全局的把握可能存在主观片面性的认识。为避免这种情况的出现，探索实践就十分必要。经济体制改革就是要改变现实，

---

① 陈亚杰．二十世纪八十年代中国城市经济体制综合改革试点述论[J]．中共党史研究，2011(9)：47－57.

对旧的东西有所突破。由于改革内容一般都是新认识、新见解，且问题复杂，因此，全面推行尚无充分把握，需要通过改革试点探索实践，证实或丰富原先的设想，为面上改革探索新路径、积累新经验。陈云同志说："因为我们的改革问题复杂，不能要求过急。改革固然要靠一定的理论研究、经济统计和经济预测，更重要的还是要从试点着手，随时总结经验，也就是要'摸着石头过河'①。"

经济体制改革试点是将认识过程两大阶段联结起来的有机结合点。一方面，改革试点将国家有关方针、政策设想付诸实践，通过信息反馈，丰富对原有设想的认识。此时，改革试点发挥的作用属于认识过程的第一阶段，即由实践到认识的阶段。另一方面，认真梳理总结每个阶段、每个环节和整个试点过程的具体做法和举措，进行提炼、升华，使之系统化、规范化、理论化，最终形成具有普遍指导意义的理论成果。在此，可以认为改革试点处于认识过程的第二阶段，即理论指导实践。这样，改革试点就把认识过程的两个阶阶段有机联结起来，成为联结两大认识阶段的由此及彼的桥梁。

经济体制改革试点具有探索性和创新性，因此，改革试点结果可能成功，也可能失败。如果成功了就会见成效，形成一批可复制、可推广的经验；如果失败了也可以吸取教训，转化为成功的因素。无论是成功还是失败，改革试点的目的都达到了，因此，需要正确对待改革试点的结果。经验与教训都来源于鲜活而又卓有成效的实践，都是改革试点的成果，同等重要，不可偏废。对改革试点来讲，总结经验与反思教训是事物发展的两个方面，二者是相辅相成的辩证统一的关

① 梁建洪．供给侧改革路径的生成机制研究[J]．经济研究导刊，2018(12)：11－13.

系。改革试点的目的是总结经验，指导面上的工作，但是在试点过程中难免会有失误，会走些弯路，而反思教训就是为了面上的工作不走或少走弯路。换言之，试点可能出经验，也可能出教训，二者都需要认真总结。因此，进行改革试点必须且行且思，既要善于总结、提炼经验，也要认真反思、总结教训，防止思与行脱节。

我们通过20世纪80年代初进行的城市经济体制综合改革探索实践，来分析一下其理论值。当时我国城市管理的基本特点是条块分割、区域封锁，大城市的中心辐射作用受到抑制。为了克服这些弊端，中央提出要发挥中心城市作用，通过有领导、有准备、有步骤的试点，积累经验，逐步实施的改革思路，直接推动城市经济体制综合改革试点实施。从扩大企业自主权、搞活企业，到开放市场、搞活流通，到探索城市管理体制、拓展和发挥城市经济功能，再到统筹城乡、推动城乡融合发展，城市经济体制综合改革试点始终遵循马克思主义认识论基本原理，大胆探索突破，认真总结经验，推动城市改革向纵深发展，为中国城市经济蓬勃发展提供了强大动力。改革和试点的特征按递进层次展开。

首先从中等城市起步。1981—1982年，国务院分别批准沙市（原为湖北省省辖市，现为荆州市中心城区）、常州进行综合改革试点。以问题导向，针对体制弊端，在部分小型工业企业试行以税代利，有计划地分批开放小商品批零市场，放开小商品价格，实行随行就市或工商协商定价。与此同时，中国人民银行常州市中心支行改革资金流动管理办法，打破传统僵化的固定流动资金利率，实行有奖有罚的浮动利率，提高了企业节约流动资金的意识。这些改革举措扩大企业资金支配权力，推动企业从行政机关附属物向相对独立的商品生产者转变，从封闭型向开放型转变，从生产型向生产经营型转变，[①] 对推动企业生产积极性产生了积极效果。

几乎同时选择了非省会的大城市进行试点探索。沙市、常州综合改革试点经验还不足以指导和推广到大城市的经济体制改革工作，因此，中央在1983年选择了具有代表性的重庆进行扩权试点，主要内容是：在计划体制的改革方面，实行第三次计划单列，同时还试行市领导县的体制；在企业改革方面，对行政性工业公司进行调整、整顿，改组为真正的企业；在财税改革方面，在实行企业基金、利润留成、盈亏包干等办法的基础上，实行"利改税"；在流通体制改革方面，首创工业品贸易中心，打破传统的一级、二级、三级批发，放开购销关系，在全国率先形成了开放式流通格局。此外，还探索多种经营方式，推行"四放开"[②]"五自主"[③]，以及社会保障制度、金融、价格、外贸等领域的改革，推动重庆经济体制改革开始由单项尝试向综合配套改革转变。重庆的试点在内容和方法上比过去更加大胆，更有突破，在很大程度上具有综合改革的特点。通过改革，中心城市综合服务功能日趋完善，辐射带动能力明显增强，资金、人才、技术等要素流动更加自由，实现了改革试点的初衷。

1984年国务院对重庆市经济体制综合改革的成就表示肯定的同时，将青岛、沈阳、南京、大连、宁波等城市列为试点，标志着综合体制改革试点全面展开。随后，各省（市、区）都挑选了一批试点城市进行探索。到1987年，综合改革试点城市达到72个。虽然试点城

---

① 陈亚杰. 二十世纪八十年代中国城市经济体制综合改革试点述论[J]. 中共党史研究,2011(9):47－57.

② "四放开"：对国合商业实行经营、价格、用工、分配"四放开"。

③ "五自主"：对国营工交企业实行经营、价格、用工、分配、技改"五自主"。

市经济发展水平差异明显，改革模式、改革速度也有很大差异，但都结合本地实际情况，从不同视角、不同领域对城市综合改革道路进行了深入探索。其中，最重要的是在流通体制改革推动下，市场机制开始逐步发挥作用，企业的经营理念、分配方式、组织形式也逐渐改变，企业的市场观念、商品观念、竞争观念也都明显增强，为社会主义有计划商品经济理论的提出奠定了坚实的基础。

1987 年中央财经领导小组提出选择一两个省市，进行比较全面的综合改革和配套改革试点，这意味着试点与时俱进的在深化和拓展。这一时期城市经济体制综合改革试点主要从流通领域入手，建立市场秩序，加强对物价、固定资产投资、财政税收和资金信贷的宏观调控，为我国建立社会主义市场经济体制奠定了坚实的基础。进入 21 世纪，城乡差距问题日渐突出，统筹城乡发展刻不容缓，中央因势利导地提出了以工促农、以城带乡、城乡综合配套改革的试点方向，进行试点的地区通过政府政策引导、体制机制改革、城乡规划、收入再分配等方式，有效地促进城乡之间要素双向自由流动，促使城乡发展由传统的“二元结构”向城乡融合发展的“一元结构”转变。

（二）推动中国特色社会主义理论不断取得新突破

经济体制改革试点在中国经济改革开放实践中得到广泛应用，特别是改革开放以来，“凡改必试”已成为推动中国经济改革快速前进的一个关键性机制。通过经济体制改革试点凝练出许多具有中国特色社会主义经济理论观点，并在实践中不断地丰富完善，形成了中国特色社会主义市场经济理论、基本经济制度、收入分配制度等重大理论，指导我国改革开放事业的顺利推进。

1. 推动建立了中国特色社会主义市场经济理论

改革开放初期，经济体制改革在理论和实践两方面一直贯穿着计划与市场关系的探索。通过特区试点的形式将计划与市场关系由感性认识上升到理性认识，推动社会主义市场经济理论取得重大突破，并形成了相应的理论价值。

40年来，中国市场化改革注重理论同实践紧密结合，理论同实践互相推动，在实践中探索，吸收借鉴各国成功经验，跨越了发达国家数百年所走过的路程，直接实现了由计划经济向市场经济的转变；同时，中国市场经济体制改革理论也得到了长足的发展，形成了中国特色社会主义市场经济理论体系。其中，改革试点发挥了重要作用，形成了大的体制改革必须经过试点的工作机制，并在试点中逐渐深化，最终形成相对完善的社会主义市场经济体制。

改革初期，党的十二大提出了“计划经济为主、市场调节为辅”的方针。陈云同志指出，“整个社会主义时期经济必须有两个部分：一部分是计划经济部分，即有计划按比例的部分；另一部分是市场调节部分，即不做计划，让它根据市场需求的变化进行生产，即带有‘盲目’调节的部分。计划经济部分是基本的主要的；市场经济部分是从属的次要的，但又是必需的”。[①] 1982年党的十二大报告更明确地提出，“我国在生产资料公有制基础上实行社会主义计划经济。有计划地生产和流通，是我国国民经济的主体。同时，允许对于部分产品的生产和流通不做计划，由市场来调节，这一部分是有计划生

① 李祥兴，王先俊．改革开放以来我国对政府与市场关系认知的嬗变及启示——兼谈对新自由主义思潮及其影响的批判[J]．当代中国史研究，2018，25（4）：27－35＋125.

产和流通的补充，是从属的、次要的，但又是必需的、有益的”。[①] 这一时期的改革仍是在传统体制中进行的，计划经济依然被看作社会主义制度的属性，虽然在字面上有“市场调节”，但只认为市场经济从属的、次要的和补充的部分，计划与市场的关系被理解为相互对立的“板块”式结构，这无疑是受到了历史的局限。同时，也在一定程度上促进了商品经济的发展，为后续商品经济理论的提出奠定了基础。

有计划商品经济理论的提出。党的十二届三中全会首次阐述了社会主义有计划商品经济的理论，认为社会主义计划经济是以公有制为基础，以价值规律为依据的有计划的商品经济。该理论将计划经济和商品经济有机地结合在一起，打破了传统观念中社会主义与商品经济对立的思想束缚，为我国社会主义市场化改革做出了有益的探索。同时也存在对市场机制理解过于简单，过于狭窄等明显不足，如只认为社会主义经济体制是商品经济而不承认是市场经济，把发展市场体系仅仅理解为发展商品市场而未包括生产要素市场。

首次提出社会主义市场经济体制。1992 年，邓小平同志南方视察时，首先提出建立社会主义市场经济。他强调，“计划多一点还是市场多一点，不是社会主义与资本主义的本质区别。计划经济不等于社会主义，资本主义也有计划；市场经济不等于资本主义，社会主义也有市场。计划与市场都是经济手段”。[②] 这一论断，从根本上打开了市场经济只存在于资本主义社会的思想枷锁，理顺了社会主义与市场经济的关系，使党和人民对社会主义本质有了更深刻的认识。党的十四

① 中共十二大报告《全面开创社会主义现代化建设的新局面》。

② 《邓小平文选》第 3 卷，第 373 页。

大提出，建立社会主义市场经济体制是我国经济体制改革的目标，就是要在国家宏观调控下，强化市场机制的作用，市场在资源配置过程中起基础性作用。从上述社会主义市场经济理论提出的过程来看，这是我们党历史上一次伟大的理论创新，也是马克思主义中国化的一个光辉典范。社会主义市场经济体制的确立，从根本上打破了“市场经济只存在于资本主义社会”的思想束缚，推动我国经济体制改革进入了政府引导与市场配置并存的新阶段。

进入完善社会主义市场经济体制阶段。党的十五大确立了我国的基本经济制度，同时财政、税收、金融、外汇、计划和投融资体制改革继续向前推进。党的十六大报告提出，到 2020 年建成完善的社会主义市场经济体制和更具活力、更加开放的经济体系。党的十八届三中全会首次提出，市场要在资源配置中起决定性作用。这表明市场机制在推动经济改革和发展中发挥的作用越来越大，也是我们党对政府和市场关系认识上的升华和飞跃。党的十九大报告将改革要求提升到产权制度和要素配置的高度，提出经济体制改革的重点是完善产权制度，推动资源要素配置市场化。这一时期，我国社会主义市场经济理论基本框架构建、社会主义与市场经济有机结合以及资源配置方式等领域不断深化和完善，并取得了重大突破，使我国经济体制改革进入了从“摸着石头过河”向“自觉有序推进”转变的崭新阶段。

综上所述，中国特色社会主义市场经济理论的形成，从社会主义计划经济到商品经济，再到市场经济，从“以行政手段配置资源”到“市场起基础性作用”，再到“市场起决定性作用”，经历了一个漫长、曲折的过程。这是一个思想认识不断深化的过程，是一个史无前例的探索创新的过程。正是通过改革试点不断地“实践—认识—实践”，才使我国社会主义经济理论实现从量变到质变的历史性飞跃。

2. 推动确立了中国特色社会主义基本经济制度

改革开放以来，我国所有制理论取得了一系列重大突破，对公有制经济、非公有制经济以及二者相互关系的认识不断深化。

首先是突破单一公有制经济理论。1978 年，党的十一届三中全会将家庭副业、集市贸易等作为必要补充，纳入社会主义经济组成部分，标志着公有制经济理论有了新突破。党的十二大提出，由于我国生产力发展总体水平还不高，区域城乡发展也不平衡，因此需要在国家规定范围内，在农村和城市，适当发展非公经济，作为公有制经济的补充，促进城乡繁荣发展，方便人民生活。党的十二届三中全会提出，鼓励发展合作经营、联合经营、个人经营、租给或承包给集体的灵活多样的经济形式。党的十三大又进一步明确了国家、集体及个人联合投资、相互参股等是属于社会主义企业的组织形式，进一步打破公有制经济理论。该时期充分发挥群众首创精神，率先在农村实行家庭联产承包经营责任制，探索土地所有权与经营权分离，发展集体所有制乡镇企业。在城市探索国有企业放权让利改革，实施企业经营承包责任制；在沿海地区试点引进外资，发展中外合作、合资和外商独资企业，打破了公有制“一统天下”的局面，开启了基本经济制度理论探索之门。

其次是多种经济成分共同发展。1992 年，党的十四大进一步将私营经济、外资经济作为社会主义市场经济的补充，积极试点股份制，初步形成了以公有制为主体、多种经济成分并存的发展格局。党的十四届三中全会提出，国有企业改革方向是建立现代企业制度，结合实际情况，可改制为国有控股的上市公司、国有独资公司等所有制企业，更好地发挥其对国民经济发展的控制作用和主导作用。党的十五大正式确立以公有制为主体、多种所有制经济共同发展的基本经济制度，同时指出非公有制经济是我国社会主义市场经济的重要组成部分。这些论述推动市场化改革在农业产业化经营、转换企业经营机制、建立现代企业制度等领域取得重大突破，进一步发展和升华了社会主义所有制理论。

最后是构建混合所有制经济。党的十六大提出，推进国有企业股份制改革，进一步探索多种形式的国有制，积极发展混合所有制经济，推动企业制度创新、技术创新、管理创新。党的十六届三中全会进一步提出，混合所有制经济实现形式为国有、集体及非公资本参股的股份制企业。同时放宽市场准入，允许社会资本进入基础设施、公共服务等法律未禁止的行业和领域。党的十八届三中全会以来，对所有制经济改革认识不断加深，指出“国有资本、集体资本、非公有资本等交叉持股、相互融合的混合所有制经济，是基本经济制度的重要实现形式[①]”。2016 年习近平总书记在参加全国政协民建、工商联界委员联组会议时指出，“公有制经济、非公有制经济应该相辅相成、相得益彰，而不是相互排斥、相互抵消”。党的十九大提出，深化国有企业改革，发展混合所有制经济。全面推行负面清单制度，真正实现“非禁即入”，进一步激发市场主体活力。

这些指导思想与实践相结合，不断推动了国企改革向纵深发展，进一步加快个体、私营等非公有制经济发展速度，同时巩固和发展了

① 十八届三中全会《中共中央关于全面深化改革若干重大问题的决定》[Z]. 2013.

已有理论成果，深化和完善了对我国基本经济制度的认识，使以公有制为主体的混合所有制基本经济制度为标志的中国特色社会主义经济制度逐步确立。

改革开放 40 年，我国基本经济制度理论形成经历了由“突破”到“成熟定型”再到“丰富完善”的过程。这一宏大理论的形成离不开改革试点的探索与实践。实行农村家庭联产承包责任制和包产到户、国有企业放权让利改革、沿海地区试点引进外资，发展中外合作、合资和外商独资企业等尝试，打破了传统的所有制格局。探索产业化经营、推动现代企业制度试点、对外开放试点等改革实践，推动了以公有制为主体、多种所有制经济共同发展的基本经济制度的形成。探索垄断行业改革、放开外贸经营权试点等新实践，进一步丰富完善了以公有制为主体的混合所有制基本经济制度。其中，将非公有制经济纳入社会主义基本经济制度范畴，是对马克思主义政治经济学和科学社会主义的创新和发展；同时，非公有制经济产生的“鲇鱼效应”进一步促进公有制经济体制的完善与创新，实现了公有制经济与非公有制经济的辩证统一发展。

3. 推动形成了中国特色社会主义分配制度

改革开放以来，为了适应经济体制改革，党和国家以市场经济改革为现实基础和依据，对我国收入分配问题进行了不断探索和研究。经过改革实践的探索，使得中国社会主义收入分配理论突破了传统思维方式和思想体系的限制，实现了自我创新和发展，在个人收入分配制度、生产要素参与分配、公平与效率关系等诸多方面取得重大突破。

首先是落实按劳分配制度。早在党的十一届三中全会就指出按照按劳分配原则，以劳动数量和质量为依据计算报酬，多劳多得，少劳少得，男女同工同酬，建立必要的奖惩制度。随着农村家庭联产承包制的推行，广大农村地区实行了缴足国家的，留够集体的，剩下都是自己的分配方式，突破了平均主义和“大锅饭”的枷锁，有效地调动了广大劳动者生产经营的积极性，大大提高了劳动和生产的效率。在农村分配实践中，冲破了传统的框框，重新确立了按劳分配的思想。党的十二届三中全会认真贯彻按劳分配原则，遵循价值规律，充分发挥市场作用，建立多种形式的经济责任制，打破了分配中的平均主义。就国有企业和事业单位的分配制度改革而言，主要实行了工效挂钩和结构工资制，改变了原有的平均主义的分配方式，同时，也丰富了按劳分配具体实现形式的思想内涵。

其次是按劳分配为主体，其他分配形式为补充。为适应有计划的商品经济和多种所有制经济成分并存的新经济形势，党的十三大明确了除按劳分配这种主要方式和个体劳动所得以外，其他分配方式为补充，利息、分红、风险补偿、利润等非劳动收入只要是合法的就应当允许。这是新中国成立以来分配思想第一次纳入了多种分配方式的原则和内容，肯定了其他分配方式的地位和作用，从而在分配方式问题上实现了重大突破和创新。十四届三中全会又在探索收入分配制度时，将多种分配方式作为按劳分配的补充转变为了与按劳分配并存，更加突出和明确了按劳分配与其他分配方式之间的关系，极大地丰富和发展了马克思的社会主义按劳分配思想。除此之外，提出允许和鼓励一部分人或企业优先富起来、存在合理差距又不能过分悬殊、提高效率前提下注重公平、追求共同富裕终极目标的分配思想。总体而言，这一阶段的分配思想突破了传统、僵化、单一的按劳分配的思想禁锢，从分配制度和分配政策的探究和摸索中，总结出了按劳分配为主体、多种分配方式并存的分配方式，极大地创新、丰富和拓展了我国社会主义分配制度。

再次是按劳分配为主体和按生产要素分配相结合。为了适应我国所有制结构的变化，党的十五大在坚持按劳分配为主体的同时，提出了按生产要素分配的形式，允许和鼓励资本、技术等生产要素参与收益分配。同时，在分配中效率与公平关系问题有了全新认识，从效率与公平并重转变为效率优先、兼顾公平。将生产要素纳入分配体系中可以使得生产要素所有者能够增加自己的收入，甚至产生一定的“乘数效应”。马克思曾经指出，各种商品是自然物质和劳动这两种要素的结合，不仅承认劳动是价值的源泉，还肯定了资本、技术其他要素对物质财富生产做出的贡献。因此，把按劳分配和按生产要素分配结合起来，整体上打破了传统社会主义收入分配实践的枷锁、开拓了科学社会主义收入分配理论的新境界。

最后是按生产要素贡献参与分配。在党的十六大上江泽民同志提出，“劳动、资本、技术和管理等生产要素按贡献参与分配的原则，澄清了非劳动要素即生产要素分配的标准问题，同时主张加强政府再分配对收入分配关系的调节功能”。[①] 在党的十七大上胡锦涛同志又提出，“健全劳动、资本、技术、管理等生产要素按贡献参与分配的制度”。此外，还首次提出“逐步提高居民收入在国民收入分配中的比重，提高劳动报酬在初次分配中的比重，在思想上越来越注重对优化分配格局、调节分配关系问题的探索”。[②] 党的十八大明确了完善劳动、资本、技术、管理等要素按贡献参与分配的初次分配机制，加快

---

① 江泽民在中国共产党第十六次全国代表大会上的报告[Z]. 2002.

② 胡锦涛在中国共产党第十七次全国代表大会上的报告[Z]. 2007.

健全以税收、社会保障、转移支付为主要手段的再分配调节机制。习近平总书记在党的十九大上更完整地指出，“坚持按劳分配原则，完善按要素分配的体制机制，更加注重公平和正义，促进收入分配更合理、更有序”。[①] 而按生产要素和按贡献参与分配的制度，正是对市场经济条件下各种生产要素所有权存在的合理性、合法性的确认，是对马克思劳动价值论的创新和发展；同时各种分配方式又有了统一的科学价值基础，既有利于坚持按劳分配的主体地位，又能实现按劳分配原则与按生产要素分配原则的结合。

改革开放以来，我国收入分配方式和原则在实践中不断调整，不断深化，在改革试点摸索中，以极大的勇气丰富发展了马克思主义的基本分配原理和陈旧的分配思想，逐渐形成了中国特色社会主义分配制度。同时分配原则也体现了我们党注重公平与效率的关系，并且在认识过程中不断地深化与完善。在社会主义市场经济运行中，既保证了效率，又推进了公平，实现了公平与效率的统一。

三、我国经济体制改革试点的实践价值取向

经济体制改革试点不仅是认识论，更是实践论、方法论。我国经济体制改革采用先行试点、渐进探索、重点突破、有序推进、复制推广的模式，把改革力度、发展速度和社会可承受度统一起来，正确把握改革措施出台的时机和节奏，走出了一条成本低、震动小、成效大的成功改革之路。这种由点到面、谨慎严密的决策方法成为我国改革获得成功并推动经济社会快速发展的重要原因之一。

---

① 习近平在中国共产党第十九次全国代表大会上的报告[Z]. 2017.

（一）有利于把基层探索创新与顶层设计有机结合

改革要顺利推进，必须要调动基层积极性，发挥群众的首创精神，这是中国改革的成功经验。同时，改革进入深水区，涉及方方面面的问题矛盾，需要顶层设计来协调各方关系和利益，试点起到了把高层思想与基层创造两者有机结合的平台作用。经济体制改革试点就是根据国家经济发展需要，充分发挥地方的主观能动性，大胆地试，大胆地闯，为全面改革积累经验。这其中蕴含了人民群众是实践的主体，是历史的创造者的基本原理，体现了基本探索与顶层设计相结合、自下而上与自上而下相结合、地方创新与中央创新相结合、高层创新与基层创新相结合的科学改革方法论。有专家提出，“经济体制改革涉及方方面面的利益问题，客观上要求有一个顶层设计、总体规划，才能避免顾此失彼、按下葫芦浮起瓢。在全国统一改革方案没有拿出来之前，要积极支持地方开展各类创新试验，允许创新失败，允许再创新”。[①] 试点前，要加强系统设计，试点方案的谋划，形成必要的方向指引，使试点工作有所遵循。同时要为改革试点留下足够的创新空间，切实尊重基层首创精神，最大限度地调动基层探索的积极性和主动性。只要是符合实际需要，符合发展规律，就允许并鼓励改革试点大胆地试、大胆地改，把创新贯穿于试点工作的全过程，切实发挥好试点对面上改革的示范、引领、突破、带动作用。

重庆“渝新欧”班列的开启，就是地方开展创新实验的一起典型案例。

---

① 胡鞍钢．三论中国改革[A]//国情报告第十六卷2013年[C]．北京：清华大学国情研究中心，2015：7.

案例分析1－2 “渝新欧”班列是如何试点成功的

重庆市在21世纪前10年，创造性地发展了以笔记本电脑为代表的电子信息产业，一个内陆城市生产了大量以欧洲为主要消费对象的产品，其中，涉及一个重大而具体的问题就是如何解决物流成本，海运的时间太长，满足不了用户的需求；空运的成本太高，中外双方均不能承受；而当时的陆运线路按规定要实行6～7个国家的卸货验关，同样会大大延长运输周期。在这样的情况下，重庆提出在国家有关部门的帮助下，由重庆装货，沿线免检，直到欧洲终点卸货验关。重庆的这一大胆设想，得到海关总署、铁道部等部门的大力支持，经过多轮谈判，终于在2011年正式开通“渝新欧”班列，“渝”指重庆，“新”指新疆阿拉山口，“欧”指欧洲，其贯穿了“丝绸之路经济带”上的6个国家，是地处中国内陆的重庆对外开放建设的重要创举。全长11000多公里，全程需12天至15天，较海运节约30天左右，而运费仅为航空的1/5。随着“一带一路”倡议的实施，“渝新欧”班列规范称为中欧（重庆）班列。

怎样才能使班列运行既能够满足货运需要，又能够使沿线国家接受呢？重庆一开始就提出了“五定班列开行模式”。2011年，重庆配合国家相关部门，全力推动中国、哈萨克斯坦、俄罗斯、白俄罗斯、波兰、德国海关签署“一卡通”协议，推行“一次报关、一次查验、一次放行”的内陆直通式通关模式，这直接促使中欧班列（重庆）模式的形成。2011年1月28日，中欧班列（重庆）开出第一班列车，形成有史以来第一条始发重庆，终点德国杜伊斯堡的国际铁路联运大通道。与此同时，重庆被纳入中欧安全智能贸易航线试点，中欧班列（重庆）得以开通“五定班列”（定线路、定站点、定车次、定时间、定价格），享有优先配车、优先装车、优先挂运、优先放行的权利，进而让中欧班列（重庆）成为中欧贸易绿色通道。

如何确保货物的丰富性，是一条运输线路能否持续存在的关键。重庆做法：一是扩展货源多品种化，二是货物来源区域多地区化。使货源从单一到多元。2011 年刚开始投运，重庆班列的货源非常单一，本地代工生产的笔记本电脑占比高达 90%，两年后陆续增加货源，以电子产品为例，除笔记本电脑外，液晶面板、集成电路等高附加值产品也开始搭乘班列到欧洲。2015 年 7 月 16 日，满载云南咖啡豆的中欧班列（重庆）咖啡专列，从重庆出发开往德国，班列的货单上首次出现外地大宗货物。在区域上也不只限于重庆，主要货源从重庆逐步扩展到西南、华东、华南和国内其他地区以及日本、韩国、新加坡、越南等地。2017 年，重庆班列的货物结构已经是西南周边地区约占 50%，其他地区约占 50%。

同样，作为国际班列，单向运输也是难以长久的，如何使回程有货物可运？重庆认真分析了中国从欧洲进口商品结构，从市场区域出发，首先在国家部委支持下，建立了整车和奢侈品进口口岸，实现了运行从单向到双向。2013 年 3 月 18 日，重庆班列迎来首趟回程货物，结束了单面运货运行的历史，实现了货物的双向流动。到 2015 年 6 月，班列又迎来了首批跨境电商的回程货，首次打破跨境电商史上不采用铁路运输方式从国外运回商品的惯例。

为适应跨境运输要求，重庆努力探索班列管理的新方式，建立了政府引导与市场运作相结合的运行机制。在政府层面上成立了重庆市政府物流协调办公室，在企业层面组建了由中铁、俄铁、哈铁、德铁以及重庆交运集团合资的渝新欧（重庆）物流有限公司，实行通道的专营铁路运输服务。重庆班列是我国中欧班列中开行时间最早、开行数量最多、经营最成熟、运输货值最大、辐射范围最广的中欧班列。2018 年开行超过 1000 班，开行频率去程每周 6 ~ 10 班，回程每周 3 ~ 4 班，形成了“1 + N”的物流分拨体系，使“一带一路”和长江经济带在重庆无缝衔接。2019 年 1 ~ 4 月累计开行 644 班、5.45 万标箱，同比分别增长 182.5%、183.7%；通过班列实现进出口 135.8 亿元，增长 54.3%。

在试点探索过程中形成了一系列制度创新成果，建立了“五国六方”铁路联席会议制度，首创了“五定”班列开行模式，探索建立了跨国海关国际协调机制，启动了中欧“安智贸”试点和多国海关“一卡通”制；探索建立了货量与运价挂钩的量价联动机制，改变了各国运费价格不一，高低相差1倍左右的状况，建立了渝新欧价格量大从优、逐年下降的机制。目前正在探索制定陆上贸易规则，在国际贸易依托国际海运形成的国际公认的交易方式基础上，重庆进一步积极探索，在进口业务中尝试由渝新欧公司签发提单，外方企业凭提单结汇，中方企业凭提单提货，努力通过试点探索形成陆路国际公认的交易方式。

我们体会到，中欧（重庆）班列在制度创新和现实运行上的成功示范，直接带动了广大中西部地区内陆省份开行欧洲班列，直接改变了我国中西部地区不沿海、不沿边的区位劣势，实现了中国内陆地区与欧洲大陆之间的直达，为中欧经贸往来提供了快速通道，加快了我国“向西开放”进程，在我国探索陆路国家贸易规则、加强国际贸易交往，形成东、中、西开发开放互动格局等方面作出了重大贡献。

同样，防城港市在探索“一照通”的过程中，也体现出基层在实践中的创新精神。

案例分析1－3　防城港市“一照通”登记制度改革

“放管服”改革是我国政府在全面深化改革特别是供给侧结构性改革中的重要内容，是转变政府职能的重要抓手，是促进“双创”的重要举措。而商事制度改革是“放管服”改革的一项重要内容。近年来，我国持续深化商事制度改革取得明显成效，营商环境逐步改善，许多省市加快改革创新，形成不少的典型经验。其中，广西壮族自治区防城港市的“一照通”登记制度改革颇具代表性。

2016 年 5 月，防城港市成为全国首批 6 个“构建开放型经济新体制综合试点试验区”，该市充分发挥先行先试优势，开展了一系列探索创新。工商部门通过“互联网 + 政务服务”的有机融合，以建设网上服务平台为支撑，推行全程电子化登记管理和线上线下一体化运行，在原来实施的“六证合一，一照一码”的基础上，创新“一照通”模式，主要做法可以概括为“四个一”：

针对多口受理的传统模式，他们首先实行了一窗受理。申请人到窗口申办工商营业执照时，申请人只要根据需求提出办理“一照通”目录内的审批事项，工商部门核发营业执照并将登记信息通过服务平台流转到相关审批部门。同时，申请人通过登录服务平台，补充录入相关部门所需的其他相关材料，实现一个窗口可以同步办理 34 证内的任何审批事项。这 34 项审批事项涉及工商、质监、银行等 20 多个部门，包括《营业执照》《组织机构代码证》《税务登记证》等 30 多个备案登记事项，给申请人带来了极大的便利。

针对审批流程长，登记事项难的问题，他们建立了一键审批制度。在工商部门核发营业执照时，只要将申请人的相关信息通过服务平台一键传送到相关部门，即可完成登记工作。工商部门在 3 个工作日内核准通过后，将登记信息及申请的其他事项信息通过服务平台定向发送到各相关审批部门；审批部门在通过服务平台接收到信息后，在所承诺工作日内完成审批（备案），并反馈至服务平台。

针对取件难，对自己的申请事项所处的环节不了解的问题，他们摸索并实施了一网公示。在现有的营业执照版面上新增“一照通二维码”，政府、企业、社会公众通过扫描可进入服务平台查询到所有已经办理的证照及其他信息。企业申请办理的审批事项，是否已经审核通过，都在服务平台上显示。这样，使申请人在任何时候，都可以了解到自己申请事项的动态情况。

针对申办事项手续复杂，所带材料要求多的现状，他们提出了一照通行制度。企业只要在辖区范围内办理任何手续，申请从事任何经营活动时，政府部门只需对“一照通二维码”上的相关证照信息予以认可，不需要打印纸质证书或批准文件，也不用申请人携证前往。

这一便民便利企业的制度改革，取得了明显的成效，也深受企业的好评。对企业来说，获得感大大增强。通过“一窗受理、内部流转、同步审核、信息互认、多证合一”的模式，实现登记业务基础信息的高效采集、有效归集和充分运用，企业从跑几个甚至十几个部门到只跑一个窗口，实现“数据网上行”“企业少跑路”，企业办事更方便、快捷、高效。对政府部门来说，行政效率大幅提高。以“多证合一”为突破口，审批方式由串联改为并联、由分散式变为集中，相关审批职能部门优化审批流程、公开承诺审批时限，提高了服务创新创业的行政效率和能力。据统计，改革后相关审批提速近70%，企业申请材料减少85%。以企业注册登记分析，企业经营范围涉及34项中的10项审批，按照原来的流程，办理完结至少需要1个月周期，而目前仅需要7天，最短的可3个工作日完成。

（二）有利于把重点突破和整体推进有机结合

马克思主义认为，世界就是一个普遍联系的统一整体，整体是由部分构成的，整体功能的形成离不开部分原有的功能，部分制约整体，甚至在一定条件下，关键部分的性能状态会对整体的性能状态起决定作用。经济体制改革试点与面上改革就是重点突破和整体推进的关系。整体推进，才能统筹协调，把握改革大局；重点突破，才能以点带面，激发改革动力。经济体制改革试点涉及的内容基本上都是改革的重点领域和关键环节，往往事关改革大局与成效，“牵一发而动全身”“一子落而满盘活”。因此，在实践中，必须坚持试点选准对象，试点形成突破口，才可能发挥试点示范引领作用，这样试点总结出来的经验才有价值，才经得起实践的检验，才能促进和带动全局改革。

我国涉外经济体制改革试点与面上改革形成，就是重点突破与整体推进结合的成功案例。党的十一届三中全会开启了对外开放的历史新时期，1984 年《中共中央关于经济体制改革的决定》提出把对外开放作为长期的基本国策，党的十六大提出了坚持“引进来”和“走出去”相结合，全面提高对外开放水平。党的决定引领了我国与世界各国的经济联系，尤其是加入世界贸易组织之后，经济全球化步伐不断加快。中国在深化涉外经济体制改革中，先后通过兴办经济特区、保税区、自贸区等一系列引进外资、扩大对外贸易的措施，鼓励外国资本、技术、管理等进入中国，开放的广度和深度不断扩大，经济发展也取得长足进步。在中央赋权的基础上，从沿海重点城市开始，逐步向中西部重点城市延伸，将基层探索取得的创新性成果不断在全国推广，推动了我国加快形成陆海内外联动、东西双向互济的开放格局，这也是从中央赋权到基层探索，进而总结形成系统集成设计的过程。

中国的对外开放试点是从沿海开始的。1979 年初，国务院决定设立蛇口工业区。同年 7 月，中央批准广东、福建两省对外经济活动实行特殊政策和灵活措施。1980 年，全国人大常委会批准在深圳、珠海、汕头、厦门设立经济特区，按照市场取向进行改革探索，赋予经济特区可以让外商投资企业所占比重超过内资企业、给予外商投资企业更多优惠政策、给予经济特区省级经济管理权限等特殊政策。1984 年，中央政府在总结两省、四个经济特区特殊政策经验的基础上，国务院决定将上海、天津、大连等 14 个城市确定为沿海开放城市，进一步扩大了对外贸易、对外经济和外资企业的自主权。1985 年中央决定在长江三角洲、珠江三角洲和福建厦漳泉三角地区的51个市、县设立沿海经济开放区。1988年海南又成为经济特区。这一系列的改革试点，标志着我国的对外开放区域从沿海个别地区和少数城市，扩大到对沿海地区的全覆盖。

我国对外开放从沿海逐步向沿江、沿线、沿边，更进一步向内地拓展延伸，呈现全方位、宽领域、多层次开放的新局面。1990年中央决定开发和开放上海浦东新区，形成了以上海浦东为龙头的长江流域开放带。1992年改革开放步伐加快，先后开放长江中上游的武汉、重庆等6个沿江城市，形成了沿口岸线开放格局。开放吉林的珲春、黑龙江的黑河等13个沿边城市，形成了沿边疆开放。在大连、广州、青岛等9个城市设立保税区，之后还相继开展设立出口加工区、保税物流园区、保税港区、综合保税区、跨境工业园区等试点。这些区域通过一系列开发开放新试点，大量引进外资、技术和先进管理经验，推动了经济、产业发展和技术进步，为社会主义市场经济体制下的新型对外开放崭新局面作出了重大贡献。

2001年中国加入世界贸易组织，对于国际贸易规则的研究和对接更趋紧迫，2013年国务院先后在上海、广东、重庆等12个地区设立了自由贸易试验区，开展突破性开放试验和压力测试。2016年，在济南、南昌、浦东新区、两江新区等12个城市、国家级新区设立开放型经济新体制综合试点试验地区，在市场配置资源新机制、经济运行管理新模式、全方位开放新格局、国际合作竞争新优势多方面形成一批可复制推广的新经验模式，进一步拓展了我国对外开放的广度和深度。

早在20世纪80年代末期，邓小平同志根据国际形势的变化和国内建设的需要指出，“现在的世界是开放的世界，任何国家要发达起来，闭关自守都不可能，必须实行对外开放政策，充分利用国际、国内两种资源，开拓国际、国内两个市场，加快推动中国的经济建设。”而当时的中国百废待兴，改革开放才拉开序幕，一方面大家认识世界、改造世界的能力有限，另一方面地广人多，整个经济社会系统太庞大、复杂，不仅涉及面广，历史遗留问题也较多，如果突兀地整体推进开放有极大的不确定性和风险性，因此，明确在全国实施对外开放决策的背景下，把地理区位条件最好、人口集聚和流动最多、经济基础最具优势的沿海地区作为重点突破的主要抓手进行试点，是在整体推进的基础上抓住了主要矛盾和矛盾的主要方面，牵住了“牛鼻子”，然后再有选择地把沿海地区的成功经验向中西部地区延伸拓展，这从方法论上看，就是成功地实现了重点突破和整体推进、全局与局部、治本与治标、渐进与突破的有机统一。

案例分析 1-4 济南如何促进国际产能合作

我国改革开放发展在取得辉煌成就的同时，也出现了产能过剩和产业高端严重不足的现象，在国际一体化的进程中，通过国际产能合作，可以有效地“取长补短”，实现我国产业结构的高级化。2016 年 5 月，商务部和国家发展改革委决定在 12 个城市、区域开展构建开放型经济新体制综合试点试验，济南被选其中。如何抓住机会乘势而上，提升济南的产业高质量发展水平？成为全市考虑的重大问题。着眼于补齐外向型经济短板，积极对接“一带一路”倡议，创造性地开展工作，特别是通过建立促进国际产能合作“3+1”新机制，推动企业安全高效“走出去”，在对外经济发展方面全面进取，这就是济南交出的合格答卷。那么，促进国际产能合作的机制包括哪些内容，又是如何运作的呢？

"3+1"的设计理念是基于企业开展国际产能合作所需要的三大服务部门和企业关系出发的，"3"是指政府、银行、信用保险机构，"1"指企业。"3+1"促进国际产能合作工作新机制，要求政府围绕营造环境和公共服务方面开展工作；金融机构主要提供多元化全方位金融产品和服务；信用保险机构重点提供境外风险保障服务。这样以充分发挥企业在市场中的主体作用，推动企业参与国际产能合作可持续发展。具体政府开展的工作包括定目标，制定济南市参与"一带一路"建设实施方案，提出到2020年打造"一带一路"重要核心城市、双向开放战略支点和国际区域合作重要平台。建机制，建立部企合作机制，推动企业与商务部投资促进局签署《"走出去"产业投资促进合作协议》，建立联席会议制度，协调解决企业在"走出去"过程中遇到的困难和问题；建立与重点企业高层交流合作机制，通过定期走访企业，提供相关政策和信息，为企业协调解决困难和问题。推项目，建立重点项目储备库，筛选出50个投资额500万美元以上项目，重点跟进推动。搭平台，建立境外企业合作联盟，由政府牵头，行业龙头发起，专业化团队运营，实现"抱团出海，共享资源"。

银行紧紧围绕企业"走出去"提供的产品和服务。利用海外分支机构推进对外担保、融资租赁、出口买方信贷等产品，满足客户企业在境外的各项资金需求。建立财务顾问、贸易融资、资金管理、托管清算、债券承销发行、外汇衍生品交易等业务在内的全方位金融服务体系，增强境外机构本地化服务能力，满足"走出去"企业跨时区、跨币种、跨市场的多维度需求。加强前端性服务实现海外项目市场的"源头性"开发，将财务顾问、开发顾问等投行服务与商业银行传统金融服务相结合，创新发展引领服务。

信用保险机构重点提供境外风险保障服务。发挥政策性"主渠道"功能，支持济南外向型经济稳健发展，如在山东华能发电有限公司承建巴基斯坦燃煤电站二期项目中，利用"以融资合作为导向的融资开发模式”，利用业务组合设计出既满足银行风险管理需求，又满足企业融资成本控制需求的承保模式。发挥政策性金融支持职能和风险管理专业功能，参与“一带一路”建设的项目规划设计工作，在推动济南参与国际产能与装备制造合作等重大战略方面发挥了积极作用。发挥信用保险服务功能，既保证重点客户需要，又加大对中小客户的服务，满足企业在风险保障、资金融通、市场开拓等方面的需求。发挥风险分担保障功能，推动企业通过利用中长期出口信用保险和海外投资保险、特险业务领域的政治风险统保模式等全新风险保障模式，为企业制订个性化的承保方案。发挥综合信息服务平台功能，建立项目储备库，参与设计重大项目融资保险方案。定期发布国别风险专报、风险预警和行业风险预警信息等大量有针对性的研究报告，组织开展各类风险宣讲，为企业和金融机构提供风险管理指引。

“3 +1”的国际产能合作机制，使济南对外经济发展取得显著成效，山钢集团塞拉利昂铁矿项目一期投资额 15 亿美元，成为中国钢铁行业最大海外合作项目；对外承包工程项目不断扩大，“走出去”带动作用明显增强，2018 年境外承包工程和对外投资项目带动出口占全市出口总额的 30% 以上。

（三）有利于减少改革社会风险成本

面对复杂且确定的改革环境，任何改革的设计方案都可能存在缺陷和问题。尤其是在中国这个地区间经济社会发展水平不平衡、差异明显的国家，如果贸然全面推行一项新政策，有可能会带来难以预测的社会性问题。通过改革试点，能够最大限度地降低改革带来的震荡与风险，正所谓“船小好调头”，从而降低和避免改革陷入困境的可能性，从而大大提高改革的成功率。同时，改革常常会面临新旧观念的冲突和争论，通过改革试点为新政策的实施提供一个客观检验的机会，用“看得见、摸得着”的现实结论取代理论争论，可有效化解改革过程中所面临的种种阻碍。所以，邓小平同志在改革之初就警示大家说，改革的政策人们一开始并不都能理解，要通过事实证明才能被普遍接受。我们允许不同观点存在，用事实说话。如果改革试点取得成功，那么，经总结提炼的经验就可以推广，为更多的地区节省改革创新的成本。如果试点失败，较之于全局性失败所造成的损失也要低得多。综上所述，改革试点可以有效控制改革风险、化解推行阻力、降低改革成本、确保改革始终在可控环境中进行。

我国国有企业改革试点与推动面上改革的过程，就是减少改革社会风险成本的过程。自农村改革之后，我国展开了以搞活国有企业、扩大国有企业自主权、促进国有资本保值增值为重点的城市经济体制改革，按照建立现代企业制度的方向，深化国有企业改革，推进国有经济布局和结构性战略调整。国有企业改革是中国经济体制改革的中心环节，推动国有企业建立现代企业制度的改革是中国市场化改革的重心和难点。国有企业涉及就业人员规模巨大、社会福利规模巨大，改革风险和成本较高。我国国有企业改革也是一个“摸着石头过河”的过程，经历了“中央顶层策划—地方试点实践—中央再总结再认识—地方再试点再实践”的过程。通过这种改革试点的方式，有效控制了改革风险，化解了推行阻力，降低了改革成本。

我国国有企业改革是以所有权改革为主线，从企业试点开始的，自 1983 年开始试行利改税试点，国有企业在“放权让利”和“经营承包责任制”等经营权改革的基础上，逐步开展“公司化”“股份制”等所有权改革试点，部分城乡集体企业以及地方中小型国有企业率先开展股份制尝试，之后北京、广州、上海部分国有大中型企业也开始股份制试点。党的十四届三中全会在地方试点的基础上提出了国有大型企业实行“公司化”和中小国企实行“民营化”的“抓大放小”国家改革探索策略。1994 年全国 100 家大中型国有企业和 3 家控股公司进行现代企业制度试点，标志着大型国有企业公司化改革试点正式开始，相关经验在全国推广。与此同时，山东诸城“放小”经验也在全国广泛推广。2013 年，党的十八届三中全会明确了将混合所有制为下一步国有企业改革的主攻方向，2016 年东航集团、联通集团、中国船舶等 9 家央企开展首批试点，推动开放竞争性业务、破除行业垄断、打破市场垄断。同时，深化国有资产管理体制改革，分类推进国有企业改革，以管资本为主改革国有资本授权经营体制。通过改革试点，一方面降低了国企改革中面临的债务包袱过重、冗员过多、企业办社会负担太重、企业破产等社会风险，使改革成本得到有效控制；另一方面国有企业在组织形态、治理结构和运行机制方面都得到长足进步，国有经济在竞争性领域的比重大幅下降，控制力、影响力和经济效益明显提升，管理体制基本实现了政企分开、政资分开，现代企业制度的雏形开始显现。

案例分析 1－5　上海市国际贸易“单一窗口”建设

2013 年 12 月，WT 在巴厘岛会议谈判中，将“单一窗口”列为贸易便利化协定的重要条款。党的十八届三中全会提出了“实现口岸管理相关部门信息互换、监管互认、执法互助”的要求，建设“单一窗口”正是落实“三互”要求的重要抓手。自 2014 年以来，上海率先启动国际贸易“单一窗口”建设试点，至今经历了三个发展阶段。

“单一窗口”指允许贸易和运输环节的所有参与者向单一的接入点申报标准化的信息，接入点负责对所有进出口和转运的申报进行审核。其实质是企业、政府通过一个平台实现信息共享和电子数据交流，大幅提高政府部门监管效能，大幅减少申报单证的重复录入和数据信息的差错，大幅降低企业贸易成本和政府管理费用。

表1-2 上海市建设“单一窗口”进程

时间	建设进展	主要内容
2014年6月	两个试点项目在洋山保税港区启动运行	仅有一般贸易货物进出口申报、船舶出口岸联网核放两个功能
2014年12月	增加了两个试点项目运行	拓展了船舶申报、自贸区一线进出境备案两个功能
2015年6月	1.0版全面上线运行	涵盖货物进出口申报、运输工具申报、贸易许可申领、税费办理和支付、企业资质办理和信息查询六大模块
2016年1月	2.0版上线运行	在1.0版基础上，新增了16个项目和任务，主要包括货物查验办理、自贸试验区一线进境入区提货、油轮人员信息申报、原产地证书办理、出口退税手续办理、公布通关时限等信息公开、监管状态和结果信息共享等
2016年12月	3.0版上线运行	涵盖货物进出口申报、运输工具申报、快件物品、人员旅客、支付结算、企业资质、贸易许可、信息查询、自贸专区监管服务九大模块

随着逐渐深化的三个版本建设，上海“单一窗口”的功能业随之增强。从内容上可以判断，1.0版初步具备“单一窗口”的基本架构和主要功能；2.0版实现了贸易监管延伸；3.0版覆盖口岸通关全流程和贸易监管主要环节，实现了区域应用功能，实现了“一个平台、一次提交、结果反馈、数据共享”。企业通过“单一窗口”一次性提交货物进出口申报和运输工具申报信息，发送给监管单位系统，其结果通过

"单一窗口"反馈；监管单位通过"单一窗口"共享监管状态和结果信息。相关单位通过"单一窗口"实现了合作共建，涵盖了海关、检验检疫、海事、边检、商务、税务、外汇、食药监等23个口岸和贸易监管部门。

上海市在"单一窗口"建设中，充分考虑了我国贸易产品和贸易方式复杂、口岸监管部门多的实际，采用公共平台加系统对接的方式，不改变各部门原有的内部审核系统，以达到对各部门现有的业务流程的影响最小，可操作性最强。更重要的是，"单一窗口"建设过程中融入了企业需求，专门为自身信息化条件较好的试点企业提供导入导出接口，直接与企业ERP系统对接，在ERP系统自动生成申报准备数据后，批量导入"单一窗口"。

上海自贸区"单一窗口"经过不断探索与实践，功能不断完善，取得明显成效。目前，上海口岸95%的货物申报、全部的船舶申报，都通过"单一窗口"来办理；服务企业近20万家，近5800家企业注册办理业务。一是企业通关流程大大简化。如在货物通关方面，按照原有方式，企业办理口岸通关共有8个环节，"单一窗口"实现了8合1。在"单一窗口"模式下，货物申报数据项减少了1/3，船舶申报数据项减少30%。二是企业通关速度大幅提高。企业通过"单一窗口"货物申报系统进行"一次申报"，申报作业时间由1天压缩到半小时；查验作业时间由2天减少到1天；船舶申报时间由2天减少到2小时；船舶离港办理时间从1天压缩到以秒计。三是企业通关成本大幅降低。"单一窗口"各类申报均对企业免费，每年直接节省企业申报信息服务成本达2.8亿元；通过流程优化、效率提升，更是间接降低企业大量的时间和人力等成本。

上海市"单一窗口"是我国最早在国际贸易上进行管理改革的，从目前的情况看，主要还存在平台覆盖有限、各功能模块实现程度有差异、不具备进出口舱单功能、旅客申报功能未实现、跨部门信息互联互通有待加强。作为我国最大的经济中心城市，上海应该全面深化国际贸易“单一窗口”建设。从自身要进一步拓展创新应用和服务贸易相关功能，不断扩大信息共享范围，全面推进各类许可资质办理，实现全流程通关和货运电子化；从区域要加强与长三角各省份“单一窗口”的合作与对接，增强区域性应用功能；从国际要逐步推动与多国“单一窗口”互联互通，建立和亚太电子口岸网络的协作与融合，推进与“一带一路”沿线以及世界主要贸易伙伴国家之间的信息互换与服务共享。

（四）有利于推动我国经济体制改革的不断深入发展

改革开放40年，中国经济体制改革始终采取相对温和、循序渐进的改革手段，遵循先易后难、由点及面的务实路线，在保证原有利益格局不受到急剧性冲击的前提下，使市场制度能够以“边际演进”的方式获得生长。“在这一过程中，市场的力量和益处通过‘涓滴’效应和‘墨渍’效应，逐渐在传统体制内渗透和扩散，从而推动我国经济体制改革的不断深入发展”①。所谓“涓滴”和“墨绩”，其本质就是循序渐进，“摸着石头过河”。这种方式逐渐推进了我国的经济体制改革从城市到农村、从闭关自封到对外开放的深化过程。而农村改革、城市改革、对外开放改革等，也都是自身领域改革不断深化，并逐步向综合性、系统性改革的过程。

在城乡改革方面，改革开放初期，以推行家庭联产承包责任制为主要内容的农村改革对整个经济体制改革产生了示范和带头作用，推动改革由农村向城市拓展，大大激发出城市经济发展的活力；进入21世纪，国家又将西部的重庆和成都作为国家级统筹城乡综合配套改革

① 朱哲恒．论中国特色发展道路的历史必然性[J]．中共南昌市委党校学报,2011,9(3):48－51.

试验区，通过经济、社会、开放、金融、土地、就业等领域的综合改革，以发挥示范引领作用。回溯几大领域，改革及其试点都是以渐进升级方式进行的。在农村改革方面，从实行家庭联产承包、乡镇企业异军突起、取消农业税牧业税和特产税到农村承包地“三权”分置，通过释放农民的积极性，大力促进了农村生产力的提高，随着农村人口不断向城市转移，农民的致富问题、农村的凋敝问题逐步显现，打赢脱贫攻坚战、实施乡村振兴战略成为现在乃至以后改革的重中之重。在城市改革方面，从搞好国营大中小企业、发展个体私营经济到深化国资国企改革、发展混合所有制经济，打破国有经济封闭的产权结构，允许民间资本和外商资本参与国有企业改组改革，使国有资本和各类非国有资本相互渗透、融合，推动所有制格局由“板块式”平行发展向“胶体式”混合所有转变。在对外开放方面，从兴办深圳等经济特区、沿海沿边沿江沿线和内陆中心城市对外开放到加入世界贸易组织，再到共建“一带一路”、设立自由贸易试验区、谋划中国特色自由贸易港、成功举办首届中国国际进口博览会，逐步实现从“引进来”到“走出去”的转变，在中国进入服务经济时代、中高等收入阶段的背景下，在外部复杂环境压力以及自身转型升级要求的背景下，中国的对外开放改革还将不断深化下去。

制度是关系党和国家事业发展的根本性、全局性、稳定性、长期性问题。要扭住完善和发展中国特色社会主义制度这个关键，才能持续解放和发展社会生产力、解放和增强社会活力、永葆党和国家生机活力，才能保持社会大局稳定、保证人民安居乐业、保障国家安全①。

① 习近平在庆祝改革开放40周年大会上的讲话[Z]. 2018.

当前，中国通过改革开放，实现了从传统的计划经济体制到社会主义市场经济体制的转型，将来更期望于市场在资源配置中起决定性作用和更好发挥政府作用[①]。

特别值得一提的是，当我们进入改革深水区，更需要正确理论的指导，更需要在总结经验的基础上提炼出精髓的理论。从新中国成立至今，我们在马克思列宁主义指导下，用毛泽东思想、邓小平理论、“三个代表”重要思想、科学发展观指导革命和建设的实践，取得了一个又一个成就。党的十八大以来，习近平总书记对全面深化改革提出了一系列新论断、作出一系列战略部署，并在实践中逐渐形成了习近平新时代中国特色社会主义思想，在这个思想体系中，有着极为丰富的改革理论，它将是指导我们今后全面深化改革开放，进一步搞好改革试点工作的重要方针、路线和政策。

专栏1－3　习近平新时代中国特色社会主义思想中的改革理论

习近平强调：“要站在更高起点谋划和推进改革，坚持党对改革的集中统一领导，坚持完善和发展中国特色社会主义制度、推进国家治理体系和治理能力现代化的总目标，坚持以人民为中心的改革价值取向，坚定改革方向，继续统筹推进各领域各方面改革。”[②] 首先是加强和改善党对全面深化改革统筹领导，发挥党总揽全局、协调各方的领导核心作用。其次是坚持顶层设计和基层实践相结合。要鼓励地方、基层、群众解放思想、积极探索，鼓励不同区域进行差别化试点，善于从群众关注的焦点、百姓生活的难点中寻找改革切入点，推动

① 赵银平．启示——习近平纵论改革开放的宝贵经验[J]．共产党员（河北），2019（2）：19－20.

② 习近平．新征程上改革仍大有可为[J]．创造，2017（11）：7.

顶层设计和基层探索良性互动、有机结合。再次是更加注重改革的系统性、整体性、协同性。经济体制、政治体制、文化体制、社会体制、生态文明体制和党的建设制度改革这六大改革，是全面深化改革系统工程的子系统，每个子系统处于不同地位，具有不同功能。在制定每一项改革方案时，不仅要考虑其自身的特殊性，还要考虑与其他改革的关联性，使各项改革相互补充、相互促进、相得益彰。最后是深入推进供给侧结构性改革。要处理好短期和长期的关系，既控制减少短期阵痛，又谋求长远发展；既化解当前突出矛盾，又构建长效体制机制，在步步为营、稳中求进中重塑中长期经济增长动力，不断激发市场主体内生动力和活力。

资料来源：《习近平谈治国理政》

案例分析 1－6　苏州工业园区如何分类实施“互联网＋政务服务”

“互联网＋政务服务”主要是利用互联网、云计算、大数据等技术手段，建设网上政务服务平台，整合各类政务服务事项和业务办理等信息，为自然人和法人提供一站式办理的政务服务，是深化“放管服”改革的关键环节。苏州工业园区在进行“互联网＋政务服务”的探索与实践中，结合园区的实际情况，努力探索实行“互联网＋居民服务”和“互联网＋企业服务”的分类服务。荣获“2018 年中国政府信息化管理创新奖”。

基于不同服务对象采用不同的服务方式，是苏州工业园区实行分类服务的基本出发点。根据居民的特点，他们提出了“互联网＋居民服务”的应用。抓住社区这个居民积聚点，通过智慧社区信息平台建设和社区服务载体标准化建设，覆盖线上线下。构建的线上智慧社区服务体系，服务网络下沉到社区，为居民提供多维度、全方位的智慧社区服务。从2015年7月园区智慧社区平台上线开始，到目前已经实现了区、街道（社工委)、社区居委会（工作站）三级体系全覆盖。构建的线下社区工作站标准化体系，制定了场所建设、窗口设置、服务事项、服务流程、人员建设、办事制度等方面的标准规范，督促所有的工作站都达标，在江苏省率先形成了“一门办结、一口受理、全科社工、全天服务”的基层为民服务模式。

“互联网+居民服务”在建设中始终注意突出“三个一”。通过“一网式”平台为居民提供涵盖各项政务服务事项及居民生活办事指南的平台，重点解决广大社区居民最关心、最迫切、最感兴趣的问题，居民足不出户就可以办理计生、社保等相关业务，变“群众跑腿”为“信息跑路”，极大地提升了居民的满意度和幸福感。通过“一口式”受理实行“前台一口受理，后台分类流转”的工作机制，通过线上平台与线下社区工作站服务的融合，优化服务流程，工作站推行“一站式”“全科式”“全天候”服务模式。通过“一站式”登录建立起园区首个跨部门、跨机构、跨层级建设的信息化平台，在保证数据交换共享安全性的前提下，整合了与社区业务有关的、不同部门、分散孤立的信息，实现了社区各类台账的信息化管理，实现了跨部门的业务协同，从根本上支撑了政府职能转变，极大地提升了工作效率。

根据企业的特性，园区提出了“互联网+企业服务”的应用。在这个领域，园区借鉴了新加坡的信息化经验，大力推进数据共享，整合分散在各部门的各类信息，打造城市公共信息服务平台；在压缩审批层级、缩短审批链条、规范审批行为的基础上，推进集中高效审批，建设网上政务大厅，依托大厅和信息平台对企业提供一站式集中服务，逐步形成了“一个平台管服务”的创新模式。

“互联网+企业服务”在建设中始终注意突出“三个建设”。通过“窗口建设”在国内率先成立了充分授权的一站式服务中心，做到全窗口受理、后台分类、资料共享，在窗口履行审批职能；引入ISO 9001国际质量管理认证体系，加强窗口建设标准化、窗口服务标准化、政务公开标准化、服务行为标准化、服务质量标准化。通过“网上政务大厅建设”打造“线上E站式，线下一站式”虚实结合的政务服务模式，实现所有受理事项网上全公开，并可办理预申报业务。通过“信息化平台建设”建立了人口库、法人库、地理信息库，实现了政务通、居民通、企业通。依托“三库三通”，建设城市公共信息服务平台，推动网上大厅、实体大厅线上线下相互融合，跨区域、跨部门、跨层级政务服务相互协作，全面采用电子踏勘模式，一般项目审批可不到现场踏勘，大幅提升了审批效率，如一般工业项目建设用地规划许可证承诺时限由30个工作日压缩至2个工作日，建设工程规划许可证由30个工作日压缩至4个工作日，一般项目审批可不到现场踏勘即可做出行政决定。百姓办事、企业创业便利化程度达到国际先进水平。

第二章

试点的主要成效和经验

经济体制改革试点是改革与生俱来的，它伴随着改革的进程不断深入扩展，由点到面、由单一到综合全面深化。在中国40年改革的历史上，从来就没有离开过试点。从方法论的角度，它为改革承担起寻求成功之路的任务；从实践论的角度，它为重大体制改革在全国范围的推广承担起扫清障碍和降低风险成本的职责。当我们今天走向全面深化改革的新时代，对40年来的改革试点进行回顾，总结其成功经验和教训，对改革试点工作本身能承担更加重要的任务是十分必要的。

一、经济体制改革试点的起步与发展

1978年12月，党的十一届三中全会召开，开启了改革开放的伟大进程，到2018年已经整整40年。我们认为，应该根据改革的进程，特别是具有重大特性为标志来进行划分。按此思路大致可以分为三个阶段。

第一阶段（1978—1992年），从农村开始到以城市为重点的经济体制改革全面展开。这一阶段，农村改革和发展的突出成就，为城市经济体制改革提供了宝贵经验，也为经济体制改革深化奠定了基础。这一阶段，经济体制改革是一个不断实践、探索、反思和突破的过程，经济体制改革目标模式从实践到认识不断取得突破。随着改革的开展和推进，对计划经济和市场经济的认识逐步深化，改革实践证明计划经济体制不可再延续，经济体制改革目标模式必须把市场经济放在重要位置。历经不懈探索和曲折历程，党的十二大提出“计划经济为主，市场调节为辅”，党的十二届三中全会《关于经济体制改革的决定》明确提出社会主义经济是“在公有制基础上的有计划的商品经济”，之后又提出“国家调节市场，市场引导企业”，再到党的十三届四中全会提出的“计划经济与市场调节相结合”，直到党的十四大最终确立“中国经济体制改革的目标是建立社会主义市场经济体制”，中国经济体制改革阔步进入新阶段。

第二个阶段（1992—2012 年），中国经济体制改革进行新阶段的制度创新。1993 年 11 月，党的十四届三中全会《关于建立社会主义市场经济体制若干问题的决定》，描绘了社会主义市场经济体制的基本框架和蓝图，成为经济体制改革的新时期行动纲领。这一时期，确立了公有制为主体、多种所有制经济共同发展的基本经济制度，基本形成全方位、宽领域、多层次的对外开放格局，市场在资源配置中的基础性作用得到进一步发挥，政府宏观调控能力也有所加强，国民经济运行机制更加富有生机与活力。初步建立社会主义市场经济体制，这标志着我国改革开放实现了关键性的跨越。

第三个阶段（2012 年至今），新一轮经济体制改革大潮涌起。党的十八大以来，以习近平同志为核心的党中央用全局观念和系统思维谋划改革开放，以更大的政治勇气和政治智慧推进改革开放，党的十八届三中全会通过《中共中央关于全面深化改革若干重大问题的决定》，做出全面深化改革总体部署。全面深化改革，以经济体制改革为重点，发挥经济体制改革牵引作用，使各方面改革协同推进。经济体制改革的核心问题是处理好政府和市场的关系，实际上就是要处理好在资源配置中起决定性作用到底是市场还是政府这个问题。使市场在资源配置中起决定性作用和更好发挥政府作用，这是我国在理论和实践上的又一重大推进。2017 年 10 月，党的十九大提出新时代中国特色社会主义思想，我国经济体制改革的伟大事业正以崭新姿态走向未来。与三个阶段相适应，我国改革试点也呈现出阶段性特征。

（一）试点先行“摸着石头过河”

这是第一个阶段的主要特征，试点既是经济体制改革的重要路径，也是改革开放攻坚克难、成功推进的重要经验。1978 年，邓小平同志在中央工作会议闭幕会议上发表历史性讲话《解放思想，实事求是，团结一致向前看》中指出“在全国的统一方案拿出来以前，可以先从局部做起，从一个地区、一个行业做起，逐步推开。中央各部门要允许和鼓励它们进行这种试验”。[①] 因此，始发于 1978 年 12 月安徽凤阳小岗村农民的“包产到户”由自发行为转变成国家农村改革的大政方针，拉开了农村经济体制改革的序幕；小岗村 18 个农民的自发行为是在特殊背景下形成的，这并非代表当时官方的意愿，至少当期最高层还没有考虑具体的“包产到户”方案。所以，小岗村的“试点”是一种很特殊罕见的“风险试点”。40 年的历史证明，当年试点的路是正确的，全村居民收入从 1978 年的不到 40 元提高到 2018 年的 1.88 万元。

1978 年 10 月，四川选择不同行业有代表性的重庆钢铁公司、成都无缝钢管厂等 6 户企业进行“扩大企业自主权”试点，成为国企改革的开端。小平同志强调通过试验的方式推进改革，“摸着石头过河”的论断，凸显了试点的重要意义。我国地域广阔，东中西部地区差异大，“一刀切，切一刀”的改革方案设计行不通，寻找一个或一些有

① 邓小平文选(第二卷)[M]. 北京:人民出版社,1994.

代表性典型性的区域或城市先行一步，为全面推广积累经验教训，也把改革风险局限在一域。习近平总书记曾总结道，“摸着石头过河，是富有中国智慧的改革方法，也是符合马克思主义认识论和实践论的方法。实践中，对必须取得突破但一时还不那么有把握的改革，就采取试点探索、投石问路的方法，先行试点，尊重实践、尊重创造，鼓励大胆探索、勇于开拓，取得经验、看得很准了再推开”。[①] 在这一阶段经济体制改革就一直遵循着“试点—推广”的路径，试点的领域和内容逐步增多，成为一种普遍的工作方式，渐进式改革成为我国经济社会发展的常态模式。

这一阶段在单项领域、单一层面开展的改革试点比较多。有代表性的是1983年在重庆嘉陵摩托集团率先开展的股份制改革试点，1992年，国家有关部门印发《股份制企业试点办法》，推动股份制试点规范化发展，到1992年底，股份制试点企业已经有3700多家。尽管在20世纪80年代中后期，股份制并不是国有企业改革主要形式，但股份制的提出和实践，对深化“两权分离”的认识、探索公有制的实现形式和国营企业产权制度创新有着深远影响，为后来国有企业建立现代企业制度奠定了基础。

专栏2－1　第一阶段我国的股份制改革试点[②]

20世纪80年代初期，股份制改革试点就被经济理论界和决策层所关注；

1983年，重庆嘉陵摩托集团实行股份制改革试点；

① 2013年11月12日，习近平在中国十八届三中全会第二次全体会议上的讲话。

② 徐善长. 中国经济体制改革的回顾与展望[Z]. 2018.

1986 年，《关于深化企业改革增强企业活力的若干规定》指出：各地可以选择少数有条件的全民所有制大中型企业进行股份制试点，进一步推动股份制试点工作；

1988 年，经济体制改革“三、五、八规划”研究中，8 个专题组提出的方案中有 7 个方案主张企业应该进行股份制改革；

1992 年，国家有关部门印发《股份制企业试点办法》《股份有限公司规范意见》《有限责任公司规范意见》等 14 份文件，推动股份制试点规范化发展；

到 1992 年底，全国股份制试点企业已经有 3700 多家，其中有 69 只股票在上交所和深交所公开上市。

案例分析 2－1　两江新区进行售电侧改革探索

2015 年 3 月，党中央、国务院出台《关于进一步深化电力体制改革的若干意见》提出了坚持市场化取向，确立“管住中间、放开两头”的电力体制新架构。同年 11 月，国家批准广东、重庆作为首批两个试点省市，在市委市政府的战略谋划和领导下，重庆两江新区开展了售电、供电、用电方面的改革，制定了系列改革措施，包括市场化改革，降低企业用电成本；引入社会资本，加快增量配电网建设；以混改促电改，推进“四网融合”战略合作等。积极探索、应势作为、率先破局、“落地”显效。

改革如何选择突破口呢？两江新区首先牢牢抓住市场机制这个根本点做文章，在举措中坚持市场化定价来确立企业用电成本。他们依托长兴电力公司实施售电新模式。作为实施平台，长兴公司与用户和电网公司签订了《零售供用电合同》，以市场化原则明确三方在售电、用电和供电过程中的权利和义务，使配售电模式发生实质性转变。通过合同的实施，新区有序运用市场化的机制放开了电价，经过一段时期的运行，实现了合作、共赢和共同发展。在市场化运作下，需要进一步提高综合服务水平，长兴电力在实践中积极摸索了配售电精细化、差异化的服务模式，降低了企业用电成本。重庆是一个天然气和页岩气都十分丰富的地区，所以除了电力外，还需要稳步推进燃气能源的改革，才能稳定电力改革的成果。他们依托分布式能源政策，贯彻落实国家发改委《关于发展天然气分布式能源的指导意见》《关于理顺非居民用天然气价格的通知》和市政府《关于降低电气价格支持工业经济发展的通知》，引进燃气公司成立了分布式能源公司，推进页岩气进入两江新区，其目的就是实现页岩气分布式能源冷、热、电三联供，推进页岩气直供来降低企业用气成本。用电、用气成本的降低与电网有直接的关系，但输配电网一直处于垄断状态，两江新区率先打破惯例，直接引入社会资本，进入增量配电网建设。为了使这项改革有序进行，他们编制了新区工业开发区《电网建设三年规划》，以保证社会资本进入的有序性和市场制度性的制约，在新区增量配电业务项目获得全国首批试点后，就积极引入社会资本，开工建设配电网变电站、电缆工程，同时加快推进园区公用工程涉电项目，引入市场化竞争参建园区安置房、公租房、道路等公用工程配电项目，充分挖掘售电侧市场化改革潜力，鼓励多方资本参与配电网建设运营。

其次是通过深化国有企业混合所有制改革来促进电改，推进“四网融合”。重庆市积极促成由三峡集团主导、有关单位参与的以混合所有制形式有效整合地方配售电企业。混合所有制平台是由中央企业、地方企业、民营资本参与组合的重庆长电联合能源有限公司，实施股权多元化、法人治理规范化、探索协调运转、灵活高效、有较强竞争力的市场化经营机制，在决策机制、授权运营、选人用人、薪酬制度、股权激励、内外监管、党的建设等方面主动试，增强了运营机制活力、行业服务水平，提高了市场竞争力。在此基础上，又推动万州、涪陵、黔江三个地区电网和两江新区增量配电网“四网合一”，扩大了供电网络容量，提高了营业收入和利润，实现运行机制和电价下调到位，成功地造就了地方配售电上市公司。努力推动国家电网在两江新区参与组建新型配售电企业，这是国家电网在重庆首次出资参与配电业务的混合所有制体，这对于充分利用国家电网资源和市场化运营机制，保障安全可靠供电，赋予用电客户供电服务自由选择权，更好地服务重庆经济社会发展有着极大的改革红利。同时还设立了产业发展基金、基础设施PPP专项基金、战略型新兴产业发展基金、能源产业发展基金等，支持鼓励各类经济主体与政府等合作。

重庆两江新区所进行的这一次改革，从根本上打破了传统体制束缚，引入了多方资本参与、加速了配电基础设施建设、降低了企业用电成本、提升了用电服务质量，取得了实践成效。在资本投入方面，引入三峡集团与市政府和相关企业签订了合作框架协议，共同设立了数百亿元的各类建设专项基金。在电力建设服务方面，全面降低了企业受电工程投资成本，降低了企业技术服务成本，降低了企业电力设施运输维护成本。在开拓市场化零售电市场方面，先后与新增用电企业达成售电协议，在保障企业用电的同时，还不断降低电价。在增量配电网建设方面，变电站、园区企业用地红线外电缆工程、公用工程涉电项目、园区安置房、公租房、道路等公用工程配电项目等不仅加快了速度，还节约了投资及大量安置过渡费，有力地助推了园区建设发展。

（二）试点力求从整个国家和区域的角度开展

这是第二个阶段的主要特征，最典型的是财税体制改革，1992年9个省、区、市开展分税制改革试点，1994年1月1日起在全国实施分税制改革，将税种划分为中央税、地方税和中央地方共享税，建立中央税收和地方税收体系。针对我国国有企业，特别是大中型国有企业长期以来政企不分、企业制度僵化，适应不了市场经济的要求，1994年在百户国有大中型企业中建立现代企业制度试点，主要内容包括：理顺产权关系，明确投资主体；改制主要是实行有限责任公司的财产组织形式；建立规范的法人治理结构；逐步解决企业历史形成的不合理债务等。针对我国城乡矛盾巨大，为逐步实现城乡统筹，1997年全国382个小城镇开展小城镇户籍制度改革试点，2000年安徽等地开展的农村税费改革试点等；2011年，上海和重庆开展个人住房房产税改革试点；2012年，在上海市交通运输业和部分现代服务业开展营业税改征增值税试点等。可以说经济体制改革一系列关键改革方案的出台过程中，进行改革试点基本已成为必经阶段，基本上达到“每改必试”。

案例分析2-2　沪渝两市开展征收房产税试点比较

2010年可谓中国房地产市场调控之年。从1月10日的“国十一条”，到4月17日的“国十条”，再到“9·29新政”，调控政策力度空前。房产税改革也在这一年成为房地产业的热点话题，迄今热度经久不衰。2010年5月31日，在国务院批转国家发展改革委的2010年深化经济体制改革重点工作意见中，“逐步推进房产税改革”赫然在列，引起社会高度关注。之后“9·29新政”明确要求“加快推进房产税改革试点工作”。2011年1月28日，上海、重庆两个直辖市率先开展对部分个人住房征收房产税试点，房产税改革终于浮出水面。那上海、重庆的房产税试点有无差异呢？我们可以通过表2-1一览究竟。

表2-1 上海和重庆房产税试点比较分析

比较项目	上海市	重庆市
试点区域	上海市行政区域	重庆市主城九区
征收对象	本地居民购置的第二套及以上住房（包括二手房和新建商品住房）；外地居民新购住房	本地居民拥有的独栋商品住宅，新购的高档住房；在重庆市同时无户籍、无工作、无企业的个人新购的第二套及以上普通住房
纳税人	应税住房产权所有人	应税住房产权所有人
计税依据	按房产交易价的70%计算缴纳，待条件成熟时按房产评估值征税	房产交易价，待条件成熟时按房产评估值征税
适用税率	（1）税率为0.6% （2）应税住房市场交易价格低于本市上年度新建商品住房平均销售价格2倍（含2倍）的，税率为0.4%	（1）独栋商品住宅和高档住房建筑面积交易单价达到上两年主城九区新建商品住房成交建筑面积均价3倍以下的住房，税率为0.5%；3倍（含）至4倍的，税率为1%；4倍（含）以上的税率为1.2% （2）在重庆市同时无户籍、无工作、无企业的“三无”人员新购的第二套及以上普通住房，税率为0.5%
应纳税额	应纳税额=新购商品房单价×新购商品房应税面积×相应税率×70%	应纳税额=应税建筑面积×建筑面积×交易单价×税率
免税面积	人均60平方米	存量独栋商品住宅180平方米；新购独栋商品住宅、高档住房100平方米

由表2-1可见，上海和重庆两市在房产税的征收对象、适用税率等方面都有很大差别。上海的方案只针对新购住房，只采用了0.6%和0.4%两档税率。重庆的方案既针对新购住房，又针对存量独栋商品住宅，主要体现了对高端住宅和投资性购房的限制；税率上采取多挡累进税率，体现量能征收的原则。

对沪渝两市房产税试点，虽然范围很小，纯粹从收取的税额上看，在全部税收中都比重也不高。但是，这项工作的开展，对于我国房地产税的改革积累了经验和值得关注的一些问题，还值得深入研究和总结。

（三）综合型、深层次的“啃骨头”试点探索

到了第三阶段，为适应全面深化改革的历史要求，综合性深层次成为这一阶段的基本特征。党的十八大提出了全面深化改革的要求，进一步阐述了以开放促改革的关系，特别是明确了市场在资源配置中起决定性的作用，使改革试点面临不仅面广，而且任务艰巨的重担。

首先是综合试点，即不是在某局部、某方面、某层面进行单项试点，而是在全局多个方面、多个层面进行综合改革试点。从严格意义上讲，我国最早在20世纪80年代就开展了经济体制综合改革试点，1981—1985年，国务院先后批准10个城市进行经济体制综合改革试点。在对重庆的批准报告中指出“经济体制综合改革是各种经济关系适应生产力进一步发展需要的多方面的调整，必须从实际出发，从经济发展的客观规律出发，充分走群众路线，主要经济效益，找出最佳的改革方案，有领导、有计划、有步骤、有秩序地进行，务必把试点工作搞好”。“在重庆这样的大城市进行经济体制综合改革的试点，是中共中央、国务院对当前我国正在进行的各项改革工作的一项重要决策”。①

重庆的综合改革试点主要进行了四个方面的改革：一是计划单列。包括三个方面的改革内容：国家对重庆经济社会科技发展计划实行全面单列；赋予重庆省级经济管理权限；中央企业（军工除外）和省属企业全部下放到重庆市管理。二是搞活企业。包括五个方面的改革内容：进行“利改税”试点；国有企业以扩大企业自主权和建立多种形式经济责任制为主要内容的“小配套改革”；推进企业改组联合；

① 陈永忠. 重庆经济体制综合改革试点回顾与启示[Z]. 1983.

实行军民结合，组织军工企业开展民品生产；发展民营经济，重建民生公司。三是搞活流通。包括四个方面的改革内容：改革流通体制，建立“工贸中心”；改革价格体系，放开鲜活商品、三类农副产品、1000多种日用工业小商品、企业自销部分的生产资料价格；改革队伍贸易体制，扩大城市对外贸易权；改革港航体制，组建具有独立法人资格的港务公司。四是搞活城市。包括六个方面的改革内容：促进城市开放，采用“协调会”形式，推进“四省五方”区域经济合作；发挥中心城市功能，推进长江流域沿江20多个城市的流域经济合作；实行市带县改革，推进城乡结合；大力发展乡镇企业；转变机制，转变城市管理职能；选拔人才，改革干部人事制度。

20世纪90年代开展了综合配套改革试点，1992年开始，原国家体改委陆续批准18个区域中心城市开展综合配套改革试点，以加快建立社会主义市场经济新体制为目标，坚持统筹协调、综合配套、整体推进，从单项改革突进转向全面建立新体制，重点从完善市场体系、产权制度、住房制度、社会保障制度、农村改革等方面配套推进相关改革。

随着经济体制改革试点项目越来越多，试点方式也逐渐多样化，最主要的是设立改革试验区。“试验区”这种新型试点方式的出现，来源于改革实践的需要，是改革试点发展进程中的重要节点，也是改革试点方法的升级突破。这一新型试点方式要求试点地区要承担更多的改革试点任务，先于其他地区实行新的政策、新的经济社会管理体制。1987年中央提出“有计划地建立农村改革试验区”，指出“试验区不宜过多。在试验区可以进行综合改革试验，也可以进行某一方面的专项试验；不同的试验区可以有不同的改革方案。应在一般条件下选点，保持其典型性”。[1] 1987 年 7 月，第一批 12 个农村改革试验区成立。

为适应 21 世纪新阶段面临的新形势新任务，党的十六届三中全会进一步明确了完善社会主义市场经济体制的任务和要求，2005 年以来，国务院陆续批准成立了 12 个综合配套改革试验区（见表 2－2）。这 12 个试验区覆盖了东部、中部、西部和东北地区，试验区范围有全省域的如重庆市、山西省，全市域的如成都市、深圳市、厦门市，市辖部分区域的如上海浦东新区、天津滨海新区，也有跨市域的如武汉城市圈、长株潭城市群。与以往的单一试验领域不同，综合配套改革试验区的试验广度、深度都有较大提升，开展的不仅是分散、单项的改革试点，而且是跨领域、多体制的综合配套改革试点，是全局性、系统性、综合性的改革试点。毋庸讳言，综合配套改革试验区是改革试点演化进程中的又一创新，也是我国经济社会转型历程中的一座新里程碑。

表 2－2　国家综合配套改革试验区

序号	试验区名称	设立时间
1	上海浦东新区综合配套改革试验区	2005 年 6 月
2	天津滨海新区综合配套改革试验区	2006 年 5 月
3	重庆市全国统筹城乡综合配套改革试验区	2007 年 6 月
4	成都市全国统筹城乡综合配套改革试验区	2007 年 6 月
5	武汉城市圈全国资源节约型和环境友好型社会建设综合配套改革试验区	2007 年 12 月
6	长株潭城市群全国资源节约型和环境友好型社会建设综合配套改革试验区	2007 年 12 月
7	深圳市综合配套改革试验区	2009 年 5 月

① 摘自：把农村改革引向深入（中发〔1987〕5 号）。

续表

序号	试验区名称	设立时间
8	沈阳经济区国家新型工业化综合配套改革试验区	2010 年 4 月
9	山西省国家资源型经济综合配套改革试验区	2010 年 12 月
10	浙江省义乌市国际贸易综合改革实验区	2011 年 3 月
11	厦门市深化两岸交流合作综合配套改革试验区	2011 年 12 月
12	黑龙江省“两大平原”现代农业综合配套改革试验	2013 年 4 月

可以说，综合配套改革试验几乎贯穿了三个阶段的改革过程，但从轨迹上仍然可以看出其不同特点，1992 年以前是在单个城市作用发挥上着力；党的十八大以前是针对不同地区和城市的主要困难和问题上着力；十八大以后则是从全面改革上着力，这一点，我们可以从 2018 年国家发展改革委下达的国家综合配套改革试验区重点任务中得到答案。重点任务共有三条。[①]

一是明确了 12 个国家综合改革试验区 2018 年重点改革任务。包括围绕深入推进放管服改革、创新驱动发展、城乡融合、全面开放、绿色发展等重点领域改革，明确了天津滨海新区、山西省、辽宁沈阳经济区、黑龙江“两大平原”、上海浦东新区、浙江义乌市、福建厦门市、湖南长株潭、广东深圳市、重庆市、四川成都市等 12 个国家综合配套改革试验区 2018 年重点改革任务。

二是明确了新时代对国家综改试验区的新要求。①深入贯彻落实新发展理念，统筹推进“五位一体”总体布局和协调推进“四个全面”战略布局。②以供给侧结构性改革为主线，以完善产权制度和要素市场化配置为重点。③坚持问题导向，强化制度创新，注重系统集成。④着力推动实施一批有力度、有影响、含金量高的重大改革举措。

① 国家发改委办公厅.2018 年国家综合配套改革试验区重点任务[Z]. 2018－05－08.

⑤率先破除一批关键环节的体制障碍。⑥探索形成一批新的可复制、可推广经验。

三是提出国家发改委将加强统筹指导，充分发挥综改试验区在深化经济体制改革方面的排头兵和试验田作用。①认真梳理总结上报综合配套改革试验区好的经验做法，及时向其他地区复制推广。②加强对重点任务落实情况的督促检查，依托第三方机构对改革进展情况开展年度评估，对于积极推进改革、取得重要进展的试验区，进行通报表扬，对于工作不力、进展缓慢的，将督促整改。③完善部门协调工作机制，加大协调力度，针对各试验区面临的问题，会同相关部门协商解决，动态完善相关政策，推动综合配套改革试验区工作取得更大突破。

这是首次从国家层面对改革试点提出具体要求，不仅在区域上覆盖了东部、中部、西部和东北，而且在内容上从“五大发展”角度全面展开；在形式上明确协调督促与推广。与党的十九大提出的全面深化改革高度契合。

这一期间，关于自贸区试验的内容是一大亮点，2013 年 9 月 29 日中国（上海）自由贸易试验区正式成立，面积 28.78 平方公里，2014 年 12 月 28 日全国人大常委会授权国务院将上海自贸区面积扩展到 120.72 平方公里；2015 年 4 月 21 日，广东、天津和福建 3 个自贸区正式挂牌成立；2016 年 8 月 31 日，商务部宣布经党中央、国务院决定，在辽宁省、浙江省、河南省、湖北省、重庆市、四川省、陕西省新设立 7 个自贸区，这预示了自贸区由沿海向内陆的探索创新；2018 年 4 月 13 日，习近平总书记在庆祝海南建省办经济特区 30 周年大会上，宣布成立海南自贸区，至此自贸区形成了“1 + 3 + 7 + 1”的“雁阵”式布局，覆盖了从南到北、从沿海到内陆的广大区域。各自贸区大胆探索突破，取得显著进展，以上海自贸区为例，设立自贸区以来，“上海自贸区累计新注册企业5.7万家，新设企业数是前20年同一区域企业数的1.6倍，其中新设外资企业数1万多家，占比从自由贸易试验区挂牌初期的5%上升到近20%；累计实到外资250亿美元，累计办结境外投资项目超过2200个”[①]。自由贸易试验区形成了一大批制度创新成果，先后在全国范围内推开，真正发挥了全面深化改革试验田的作用。

在“啃骨头”方面的试点，可谓是最艰难、最综合，也是风险最大的领域。其中，由计划经济走向市场经济既是一个长期的过程，更是一个由思想、制度到现实路径精准选择的问题。在此方面，广东迈出了坚实的试点步伐。

案例分析2-3　广东的市场化改革

广东，我国改革开放的前沿阵地和先行地区，率先实现从计划经济体制向市场经济体制的历史性转变，取得了巨大的发展成就。自1989年到2018年，广东经济增长有29年位居全国第一。经济规模和占全国贡献比重不断上升，从1978年的185.85亿元、占全国贡献比5.3%跳跃到2018年的9.73万亿元和10.8%。2018年，广东进出口总额占全国的四分之一左右。这组数字的背后，是广东突破计划经济体制的桎梏、建立社会主义市场经济、实行全面对外开放，不断从实践出发深化改革的结果。广东的实践有力证明，“改革开放是决定广东命运的关键抉择”。

① 叶知秋．自贸区改革再深化续写改革开放新篇章[N]．财会信报，2018-11-26(A02版)．

推动改革的理论前提是对改革的深刻认识。中国的市场化改革是人类有史以来大国经济体制改革中最有影响的一场改革，这既需要勇气、智慧，更需要科学的认识。广东省的市场化改革，无疑与其地理位置、外在条件和敢闯敢干等因素有极大的关系，但他们对改革的深刻认识却是强大的基础。改革之初，他们就认识到，“市场经济是人类社会发展的必经阶段，也是人类社会迄今为止发展社会生产力、激发人的创造力、增强社会活力最为有效的手段。”① 在社会大生产的条件下，只有市场交换和市场竞争渗透到经济的各个领域和各个环节，资源配置效率和经济运行效率才会得以提高。改革开放的实践，广东的经济社会速度持续快速的发展，建设步伐显著加快，得益于冲破了传统计划经济体制对生产力的束缚，得益于社会主义市场经济的发展。

积极创造市场化改革的条件。从计划经济向市场经济转型需要创造一系列条件，广东省紧紧抓住经济运行中的四个条件着力下功夫。首先是经济基础市场化。经济基础是经济运行赖以建立的所有制结构，进行市场化改革必须形成多元化经济成分共同竞争的格局，必须有民营经济、混合经济的大力发展，必须实行国有经济结构战略性调整。广东从 1980 年开始，就积极进行所有制结构的调整，对国有经济结构和布局实施战略性调整重组，建立多元化的所有制结构。其次是经济主体市场化。就是要形成独立的市场主体，最重要的是产权的独立和经营权的独立，建立产权清晰多元、权责明确、流转顺畅的现代产权制度。各种市场主体地位平等，各种所有制企业实行公平竞争。第三是经济运行市场化。建立起市场化价格机制，广东实行计划经济向市场经济的转轨就是从价格改革开始的，从 1978 年放开蔬菜价格开始，到 90 年代初全省各类商品 90% 以上已经放开价格。建立起现代市场体系，在推进价格改革的同时，广东加大投入建设市场，放开城乡集市，

① 本书编写组．党的十八届三中全会《决定》学习辅导百问[M]．北京：党建读物出版社，学习出版社，2013：9.

降低市场准入条件，各种专业市场如雨后春笋般建立起来，各种要素市场如劳务市场、房地产市场、技术市场也开始发育。第四是经济调控市场化。改变政府主导资源配置和经济发展的状况，界定和规范政府对经济的宏观调控职能与国有资产管理职能。政府宏观调控不是直接而是间接调控，不干预微观经济活动。从过去习惯行政手段管理经济，转变为运用经济手段为主、行政和法律手段同时结合使用，主要运用价格、税收、信贷等经济杠杆进行调节，从经济利益上诱导、协调和控制社会再生产各个环节等。

牢牢把握好市场化改革的总导向。我国的改革开放始终是坚持充分发挥“两个积极性”的作用，既要遵循中央的大政方针，又要立足于本地实际。广东在市场化转型中，第一是目标导向。按照中央的要求，不断完善和发展中国特色社会主义制度，推动国家治理体系和治理能力现代化。在经济体制改革方面，他们所确定的改革目标就是使市场机制有效、微观主体放活、宏观调控有度。第二是人本导向。始终坚持以人民为中心，改革的目的是为了更好地造福人民，给老百姓带来实实在在的利益，促进人的全面发展，实现共同富裕，把增强人民福祉作为改革出发点和落脚点。第三是市场化导向。市场化改革是一项艰巨的历史任务，建立和完善的社会主义市场经济体制是会有曲折的，但是，在任何情况下，市场化改革的方向不能变，必须不断推进社会主义市场经济改革，提高市场化程度。第四是问题导向。坚持从广东经济社会实际状况出发，在诸多社会矛盾中和矛盾全局中敏锐抓住主要矛盾，并自觉围绕主要矛盾部署工作，是广东省自觉运用马克思主义矛盾学说分析解决经济社会改革发展中具体问题的一条成功经验。同时也要根据社会主要矛盾，抓住人们关心的主要问题，有针对性地进行改革突破。五是共享导向。在改革初期，广东省把主要精力放在解决效率低的问题上，强调打破大锅饭，提高效率。深圳提出时间就是金钱、效率就是生命，这也体现出当年的改革导向。改革有力地促进了经济社会发展，但公平共享的问题也慢慢变得突出，改革就从效率为重转向公平共享为重。

着力实现市场化改革的“三有目标”。党的十九大提出构建市场机制有效、微观主体有活力、宏观调控有度的经济体制“三有目标”。广东省体会到要实现“三有目标”，必须处理好市场、政府、社会三者关系，而在三者关系中，核心是市场，关键发力点是政府与市场的关系。他们的具体做法是：首先是充分发挥市场在资源配置中的决定性作用。着力建设形成功能强大的大市场，塑造多元化的社会共治的大社会；“市场在资源配置中起决定性作用”意味着，在社会生产领域的资源配置中处于主体地位的是市场，政府的力量不能高于或代替市场的作用，市场对生产、流通、消费等各环节的商品价格拥有直接决定权。要实现市场在资源配置中起决定性作用，就必须积极稳妥地推进市场化改革，从广度上来说，既要继续推进经济体制改革，同时也要加快推进政治、文化、社会、生态文明等全面改革；从深度上来说，要从基本经济制度、现代市场体系、金融体系、财税体制、城乡融合发展体制机制、开放型经济体制等方面入手，“在解决影响市场起决定性作用的深层次问题上着力，努力构建有利于市场经济发展的市场规则、法律体系、社会环境”①。同时也要深化政府体制改革，真正实现政府职能转变。市场在资源配置中起决定性作用，并不意味着否定或忽视政府的作用。要兼顾效率和公平，必然要求政府在参与资源配置过程中发挥更加积极全面的作用，政府不应仅局限于充当“守夜人”的角色，而应“通过以国家发展战略和规划为导向、以财政政策和货币政策为主要手段的宏观调控体系对经济进行宏观调控”②，发挥弥补市场失灵、平缓经济波动、保持宏观经济稳定的作用。随着市场化改革的逐步深化和社会主义市场经济体制的日趋完善，政府越要发挥好在保持宏观经济稳定，保障公平竞争，维护市场秩序，加强和优化公共服务等方面的职责和作用。

---

①② 本书编写组．党的十八届三中全会《决定》学习辅导百问[M]．北京：党建读物出版社，学习出版社，2013：9.

全力推进市场化改革的重点。市场化改革千头万绪，抓住重点、纲举目张是关键。在纵多的改革内容中，广东省清理了四个重点全力推进。一是以产权改革为核心，构建和完善归属清晰、权责明确、保护严格、流转顺畅的现代产权制度。产权是市场经济的基础，为市场经济主体提供有效的激励和约束。如何进一步增强微观主体活力，对各种所有制企业一视同仁，对大中小企业平等对待？广东省全面实施市场准入负面清单在全国走在前列，这为各种市场主体依法平等进入，形成各类企业平等使用生产要素、公平参与市场竞争，同等受到法律保护的环境创造了很好的基础。他们在三方面下功夫：以激活国有资本为主线，深化国有经济体制改革。以管资本为主线，推动国有资本监管体制改革。加快国有经济布局优化、结构调整、战略性重组，推进国有企业混合所有制改革，加快引进战略投资者、财务投资者，推进资产证券化，实现产权主体多元化。加快国有经济战略调整，将更多的国有资本由经营领域转向公共领域。深化国有企业改革，引入非国有股东，发展多元股权的混合所有制企业，实现产权多元化。以消除民营经济发展体制性障碍为重点，推动非公有经济的振兴。保护民营经济产权不受侵犯，清理废除妨碍统一市场和公平竞争的各种规定和障碍，推动民营企业制度创新。发展混合经济，实现所有制结构和企业产权多元化。推动国有经济和民营经济相互参股，促进混合经济和共享经济充分发展。二是推进市场机制平等化，让市场在资源配置中真正起决定作用。广东省认识到要做到这点，关键是打破垄断，实现竞争公平，破除各种歧视性限制和隐性障碍，完善公平开放透明的市场规则，以生产要素平等自由交换为基础，实现区域、城乡资源要素自由流动和高效配置。推进自然垄断领域改革，将其竞争性业务和自然垄断业务分开，将前者推向市场充分竞争。加快要素市场改革，放宽服务业准入限制。破除价格垄断，进行资源性产品价格形成机制改革。深化金融体制改革，推动利率和汇率市场化，提高直接融资比重，加快发展多层次的金融市场。放宽金融行业准入门槛，吸引民间资本参与金融领域的竞争，投资各类金融机构，组建更多民营银行。破除国企垄断，保障民营企业享有公平竞争的权利，引导民营资本参与国有垄断企业的改革重组，促进民营企业能公平进入金融、教育、医疗、市政等领域参与平等竞争。广东省率先形成了企业自主经营、公平竞争，商品和要素自由流动、平等交换的国际化现代市场体系。三是优化政府职能配置，完善决策权、执行权、监督权既相互制约又相互协调的行政运行机制。更好地发挥政府的作用，进一步改革政府体制，运用经济手段法律手段调控经济，创造公平竞争的环境。广东省在深化行政审批制度改革上，大量取消、转移、下放行政审批事项，放宽准入，“法无禁止即允许”，凡法律未明确规定的一律不审批，凡市场机制能有效调节、社会组织能自律管理的一律不审批。让市场配置资源中发挥决定性作用，推动政府职能从项目审批、资金分配转向优化营商环境、提供公共服务上来。建立现代政府制度，实行政府决策权、执行权、监督权分离，优化政府组织结构，减少行政层级，探索扁平化管理。四是以分配公平和基本公共服务均等化统揽民生保障。随着我国社会主要矛盾的转化，广东省认识到既要坚持发展、做大蛋糕，也要搞好分配，分好蛋糕。要构建公平的分配制度，实现劳动报酬增长和劳动生产率提高同步，劳动报酬在初次分配中的比重不断提升，完善税收、社会保障、转移支付为主要手段的再分配调节机制。要构建强有力的保障体系，推动社会保障统一，逐步使城乡居民都享受同等的社会保障和福利制度，对城乡“双轨”的教育、医疗、社保、分配等制度进行改革，逐步实行“并轨”，实现共享。重点解决教育、医疗、养老等关系民生的重大问题。以均等化为方向，推动公共服务充分发展。建立普惠民生的公共财政体制，建立基本公共服务预算支出增长快于财政经常性支出增长的制度，建立城乡协调基本公共服务均等化的制度，建立相邻区域基本公共服务设施共建共享的制度。通过以上措施，为普惠共享提供制度保障，让改革发展成果公平惠及全体人民。

（四）规定动作与自选动作相结合

我国的改革试点是多层次的，既有中央和国务院、国家部委批准，如上述综合配套改革试验区，还有国家级金融综合改革试验区（已设立温州、珠三角、泉州、滇桂沿边、青岛等），全面创新改革试验区（2016 年 9 月，京津冀、上海、广东、安徽、四川、武汉、西安、沈阳成为首批全面创新改革试验区）等。国家级改革试点的项目很多，据浙江省统计，截至 2016 年浙江各地承担的国家级改革试点有 300 多项；据重庆市委改革办统计，截至 2018 年上半年重庆市承担的国家级改革试点 119 项，已完成 84 项，正在推进 35 项（见表 2 –3）。

表 2 –3　国家部署重庆改革试点任务

序号	试点名称	部署试点的中央及国家部委	试点期限
1	水土可再生能源示范区	财政部、住建部	2011 年 6 月起
2	农村承包土地经营权和农民住房财产权抵押试点	人民银行等 11 部委	2015 年至 2018 年 12 月
3	国家新型城镇化综合试点	国家发展改革委等 11 部委	2015 年至 2020 年
4	售电侧改革试点	国家发展改革委、国家能源局	2015 年 11 月起
5	地票改革试验	国务院	2008 年起
6	农村土地征收、集体经营性建设用地入市和宅基地制度改革试点	国务院	2015 年至 2018 年 12 月
7	主城区国有建设用地使用权转让、出租、抵押二级市场改革试点	自然资源部	2017 年 2 月至 2018 年 12 月
8	农业生产全程社会化服务试点	财政部	2014 年 8 月起
9	强化基层社合作经济组织属性专项试点	全国供销合作总社	2017 年至 2018 年底
10	贸易多元化试点	国务院	2016 年 3 月起
11	加工贸易承接转移示范地	商务部、海关总署、人力社保部	2016 年起

续表

序号	试点名称	部署试点的中央及国家部委	试点期限
12	内销选择性征收关税政策试点	财政部、海关总署、国家税务总局	2016 年 9 月起
13	企业增值税一般纳税人资格试点	财政部、海关总署、国家税务总局	2016 年 11 月起
14	中国（重庆）自由贸易试验区	国务院	2017 年 4 月起
15	司法公开三大平台建设试点	最高人民法院	2013 年 10 月起
16	行政案件集中管辖改革试点	最高人民法院	2015 年 9 月起
17	家事审判方式和工作机制改革试点	最高人民法院	2016 年 6 月至 2018 年 6 月
18	刑事案件认罪认罚从宽制度试点	最高人民法院、最高人民检察院、公安部、国家安全部、司法部	2016 年 11 月至 2018 年 11 月
19	涉案财物跨部门集中管理信息平台试点	中央政法委、最高人民法院、最高人民检察院、公安部、财政部	2017 年 4 月至 2018 年 12 月
20	国家学前教育改革发展试验区	教育部	2016 年至 2018 年
21	知识产权综合管理改革试点	国务院	2017 年 4 月至 2018 年 12 月
22	公立医院薪酬制度改革试点	人社部、财政部、国家卫生计生委、国家中医药	2017 年 1 月至 2019 年 1 月
23	国家级医养结合试点	国家卫生计生委、民政部	2016 年 6 月起
24	长期护理保险制度试点	人社部	2017 年 12 月起
25	国家级中医药发展综合改革点	国家中医药管理局	2013 年至 2020 年
26	国家第二批综合医改试点	国务院医改领导小组	2016 年 5 月至 2020 年
27	医疗服务价格改革联系示范点	国家发展改革委	2016 年 7 月起
28	水生态文明体制改革建设试点	水利部	2015 年至 2018 年
29	国家生态文明体制改革先行示范区	国家发展改革委、财政部等九部委	2016 年起
30	深化国家监察体制改革试点	党中央	2017 年 10 月至 2018 年 9 月
31	市场准入负面清单制度改革试点	国家发展改革委、商务部	2017 年至 2018 年

续表

序号	试点名称	部署试点的中央及国家部委	试点期限
32	技能人才激励计划试点	国家发展改革委等9部委	2018年至2019年
33	汽车平行进口试点	商务部	2018年起
34	交通旅游服务大数据应用试点	交通运输部、文化和旅游部	2018年起
35	深化服务贸易创新发展试点	国务院	2018年至2020年

与此同时，各省市还根据本地改革开放发展的实际，增加了地方的自主改革创新试点，如重庆市截至2018年上半年，自行组织的改革试点共42项，已完成34项，正在推进8项（见表2－4）。有些省市对改革工作更重视，积极鼓励基层创新，会开展更多的改革试点，省级、市级、县级甚至镇级，如山东省（见表2－5）、浙江省等。

表2－4　重庆市自行组织试点任务

序号	试点名称	组织单位	试点时间
1	巨灾保险试点	市金融办	2016—2019年
2	城市电商物流末端共同配送网络体系建设试点	市商务委	2014—2020年
3	推进农村金融服务创新试点	市金融办	2016年起
4	农业项目财政补助资金股权化改革试点	市农委	2015—2020年
5	生产性服务业试点	市规划局、 市国土房管局	2012—2018年
6	科技型企业知识价值信用贷款改革扩大试点	市科委	2017年11月起
7	政策性金融扶贫实验示范区	市金融办	2017—2020年
8	农村“三变”改革试点	市农委	2018年起

表2－5　山东省市级和县级改革试点

序号	市级	改革试点主题
1	潍坊市	综合配套改革试点
2	莱芜市	统筹城乡发展综合配套改革试点
3	临沂市	“两型”社会建设综合配套改革试点
4	东营市	发展高效生态经济综合配套改革试点
5	章丘区	农村金融体制改革和统筹城乡公共服务改革

续表

序号	市级	改革试点主题
6	桓台县	流通体制改革和土地管理体制改革
7	牟平区	推动城乡产业融合、基础设施布局建设一体化改革
8	诸城市	社会主义新农村建设和农村社区化管理改革
9	寿光市	农村经济组织体制和农村生产社会化改革
10	齐河县	做大做强民营经济和生态环境保护与建设体制改革
11	文登区	面向日韩的深层次开放、新型工业化建设和统筹城乡发展改革

这种上级“规定动作”试点和自身“自选动作”试点，与我们党历来提倡的充分发挥中央和地方两个积极性，充分运用国内国外两种资源十分吻合。实践证明，上下积极性的结合，对于解决具有国家全局性的一般性问题和具有省情局部性特殊性问题有极大的改革试点效用。

案例分析2－4　重庆天然气体制改革如何取得突破

我国的石油天然气体制一直存在不少矛盾，针对这些问题，2017年5月，国家出台《关于深化石油天然气体制改革的若干意见》，部署了油气勘查开采、进出口管理、管网运营等八个方面重点改革任务，提出建立健全竞争有序、有法可依、监管有效的石油天然气体制。为了尽早地建设新体制，国家能源局在2018年明确了包括重庆在内的5个省市开展油气体制改革综合试点及专项试点。重庆探索天然气体制改革，在油气交易平台建设运行、天然气基础设施投资建设、天然气市场化定价等方面取得改革突破。

重庆市首先是筹建运行石油天然气交易中心。长期以来，石油天然气交易定价权主要被美国、英国、新加坡等国家掌握，中国作为全球最大的能源进口国，缺乏有影响力的油气交易和定价中心，在国际市场缺乏足够的话语权。在重庆之前，我国只有上海建立了石油天然气交易中心。考虑到重庆具有天然气生产地、消费地、管网枢纽地、金融高地“四地合一”优势，中央也对重庆建立全国交易中心予以支持。交易中心成立后就进行了一系列改革探索：借鉴国际大型交易所经验，分散公司股比，按照“中央地方共建共管”模式，由中石油、重庆能源、博恩科技等13家全国性油气企业、区域性能源化工企业、金融科技创新类企业持股，单个大股东最高持股比例不超过13%，有效避免大股东因自身利益干预公司正常运营。以管道天然气、成品油、液化天然气和大宗石油天然气化工品等现货为基础交易品种，出台挂牌、单向竞价和协议交易等交易模式。针对管道天然气推出了省门站价格升贴水竞价交易方式，准确反映各省市的供需差异情况。使中心一开始就站在一个较高的起点上，形成良好的运营机制。

其次是推进天然气基础设施投资体制改革。天然气对输配管网、储气库等基础设施高度依赖，但由于基础设施投资大、建设周期长、风险较高、回报时间长、专业性强等原因，社会资本参与投资积极性较低，加上管网互联互通不够，地域垄断性也较强，第三方公平开放落实很难。针对上述问题，重庆市摸索天然气基础设施投资新体制，促进社会资本投资天然气基础设施。探索建立天然气管道投资主体优选机制，以部分管道为试点，通过招投标选择投资主体，吸引在技术力量、管理能力、专业服务、资金雄厚的天然气管道经营企业进来，打破垄断骨干管网局面。探索推进天然气管道第三方公平开放，选取涪陵、长寿等管网发达、市场活跃的区域，引入中石化、中石油双气源竞争，为重庆建峰化工和重庆卡贝乐化工公司提供双气源保障，实现下游用户稳定供应和上游供应企业多元化。

最后是推进天然气价格市场化改革。我国长期以来，其国内90%的天然气市场被中石油、中石化和中海油三家企业占据，同时，天然气领域管道运输和配气环节的网络型也形成自然垄断。而长输管道输气业务目前也没有与气源分离，上游企业和上下游企业之间并未真正形成有效竞争，影响了天然气价格市场化步伐。重庆按照国家“管住中间、放开两头”的要求，将城市燃气转供工商业终端销售价格由政府定价改为政府指导价，放开竞争性环节价格，加强天然气输配价格监管，切实降低企业用气成本。扎实开展天然气管道运输价格改革，每三年为一个监管周期，对管道运输价格进行校核调整，在核定管输价格时，统筹考虑管道运输距离和气量的关系，避免相邻区域终端销售价格差异过大，将管道运输价格率实行上限控制，且低于国家的控制水平。同时稳步推进配气价格改革，出台配气价格管理办法和管道燃气配气定价成本监审办法，建立以“准许成本＋合理收益”为核心、约束与激励相结合的天然气垄断环节定价制度和独立的配气价格监管体系。通过严格监管配气价格，目前主城区居民和非居民配气价格均低于国家限制性规定和全国平均水平。

二、试点形成的主要经验

40年的改革试点成效显著，虽然改革试点的内容涉及经济体制改革的方方面面，通过系统总结也可以概括出试点工作的共性经验。

（一）思想先行，制度探索

改革开放的过程，就是思想解放的过程。改革开放的40年，也是思想解放的40年，思想解放是体制机制创新的先导和前提，是深化改革的动力之源，是推进经济社会发展的强大动力。从某种程度上可以说，改革的深度和开放的力度决定于思想解放的程度。习近平总书记曾说，“思想不解放，我们就很难看清各种利益固化的症结所在，很难找准突破的方向和着力点，很难拿出有突破性的改革举措”。[①] 思想解放是一个随着实践的推进而不断深化的过程，既不可能一劳永逸，

① 习近平关于《中共中央关于全面深化改革若干重大问题的决定》的说明。

也不可能一蹴而就。越是处于改革发展的关键时期，越是复杂严峻的改革局面，越需要解放思想，创新观念。而每一次改革试点都是“敢为天下先”的思想解放和“摸着石头过河”的制度探索，必须敢于冲破不合理的条条框框的束缚，必须勇于冲破习惯思维和传统做法的束缚。比如，长期以来，我国城乡土地二元结构的管理体制限制了城乡土地的统筹开发和高效利用，为逐步建立城乡统一的建设用地市场，国土资源部开展了城乡建设用地增减挂钩试点。2008 年，国家同意重庆设立农村土地交易所，应用城乡建设用地增减挂钩制度原理，在恪守土地公有制性质不改变、耕地红线不突破、农民利益不受损“三条底线”前提下，引导农民自愿将闲置、废弃的农村建设用地复垦为耕地，形成的指标在保障农村自身发展后，节余部分以地票方式在市场公开交易形成价值反哺复垦权利人，逐渐形成了以“自愿复垦、公开交易、收益归农、价款直拨、依规使用”为核心内容的地票制度体系，探索出一条盘活农村闲置废弃建设用地、增加农民财产性收入、统筹城乡建设用地利用的路子。

案例分析 2－5　关于“地票”制度的探索

重庆在 2017 年 6 月，国家批准为统筹城乡综合配套改革试验区，作为城乡两极分化较重的重庆，怎样解决城乡差异成为配套改革的一个极为艰难的大问题。

重庆是一个省的架构，富裕主城与周边地区形成很大的差异，但与此同时，主城的建设用地指标又非常紧缺，要确保国家规定的耕地一亩不减少，又要使城市建设用地得到一定的增长。于是，重庆利用城乡建设用地增减挂钩制度的原理，创造性地提出了地票交易制度，截至 2018 年底，累计交易地票 28 万亩、价值 550 亿元。

重庆的实践，算得上探索出了盘活农村闲置废弃建设用地、增加农民财产性收入、统筹城乡建设用地的路子吗?

我国农村土地性质是集体所有制，也就是说属于公有制性质，重庆提出了地票交易不能突破“三条底线”，其中就包括恪守土地公有制性质不改变。我国的耕地受到国家保护，绝不容许以减少耕地增加建设用地，重庆又提出确保国家的耕地一亩不减少。城乡统筹如果任其城市企业与农民进行交易，那么，农民的利益很容易受到伤害，针对此问题，农民利益不受损成为重庆的又一条底线。在此前提下，引导农民自愿将闲置、废弃的农村建设用地复垦为耕地，这样，是在先有了新增耕地后，才有地票指标的形成。为了防止新增耕地的质量，提出地票指标后，由专业的验收机构进行严格验收，地票在交易所市场公开交易可以形成城市建设用地的较高资格价值，再反哺给复垦权利人。总结重庆的多年探索，“自愿复垦、公开交易、收益归农、价款直拨、依规使用”成为地票制度体系的核心内容，

对千百年来的农村土地进行改革，基础工作、风险防范、流程规范都是非常重要的环节。首先明晰土地权属，是实施地票制度的前提，2010—2012年，重庆市全面完成了新一轮农村土地房屋登记发证工作，做到集体土地所有权证、宅基地使用权证和农村住房所有权证应发尽发，确权颁证夯实了基础，为农村建设用地复垦和地票交易创造了基本条件。

其次是防范风险，重庆在改革设计中十分注重守底线、定边界、建规则，不断完善地票运行机制，基本形成了以《重庆市地票管理办法》为总领，涵盖“复垦—交易—使用”各环节的“1+10”地票制度体系。建章立制，依规推进，为地票制度实施中可能出现的风险建立了一道又一道的防火墙。

最后是规范工作流程，第一个环节是由建设用地权利人自愿提出复垦申请，经国土、农业等部门联合验收审查后，扣减农民留用的农村建设空间，就可以确认地票交易的指标。为防止“占优补劣”，严格

了复垦条件，如坡度大于25度的不得纳入复垦、复垦地块必须与周边耕地相连、复垦验收合格证上记载耕地级别等，以达到占优补优的要求。第二个环节是地票交易通过市场定价，由重庆农村土地交易所统一组织，采用挂牌、拍卖等公开交易方式，过程公开透明，合理显化了地票价格。同时，通过科学引导供给，不断完善地票功能和使用范围，有效衔接供需，维护市场稳定。第三个环节是合理分配，地票价款扣除复垦成本后全部归土地所有权人。复垦宅基地形成的地票收益，由农户和农村集体经济组织按85:15比例分享。按重庆农村户均宅基地0.7亩计算，通过地票交易农户能一次性获得10万元左右的净收益。复垦形成的耕地归集体所有，仍交由农民耕种。第四个环节是操作公开规范，地票价款采用直拨方式，由交易所委托银行，将农户和集体经济组织应得价款直接打入其账户，防范被挤占、截留、挪用等风险。还运用了在线监管，连接地票生产、交易、使用各环节数据，进行追溯查询。

重庆的地票改革与其户籍改革、脱贫攻坚、农村金融改革、乡村振兴等工作客观上形成了系统综合效应。在具体的操作过程中，规定对贫困地区和贫困户所形成的地票实行“优先入库、优先复垦、优先交易、优先拨款”。到2018年底，贫困地区地票成交量约占全市总量的2/3。依托地票收益完成了数十万农村危旧房改造和高山生态移民扶贫搬迁。进城落户居民申请以地票交易方式变现农村房产，带着财产进城，促进了户籍制度改革。同时，地票作为有价证券，还可用作融资质押物，并为农房贷款的资产抵押评估提供现实参照系。

我们也同时注意到，由于重庆属于山区丘陵地带，农村建设用地十分有限，在建设用地复垦过程中，有可能出现“以次充好、以劣当优”现象，这对于保障重庆的耕地不减少会形成较大的冲击。宅基地的复垦也是非常难以准确计量的，由于广泛存在实际占地和权属占地的差别，究竟采用什么标准是在实际工作中很难把握的。尽管采取了地票款直拨方式，但在实际中，仍然存在宅基地复垦并实现了交易，两年农户都不能得到自己应该分配的部分，层层截留的现象还在较大范围存在。从实际分析，重庆的地票制度创新有利于推进统筹城乡发展，但随着资源的有限性逐渐显现，地票交易存现边际递减是一个必然的规律。

（二）因地制宜，分类试点

推进改革试点都根据改革试点的目标要求，充分考虑各地的基础条件选择具有较强的代表性和典型性的试点地区，分类分层推进。以国家发展改革委主导的综合配套改革试验区为例，总体上看，改革试点布局兼顾了我国东部、中部、西部和东北地区的区域差异和特点，构建了分区域布局、多主题试验的改革试点格局。12 个综合配套改革试验区的主题包括开发开放（上海浦东新区、天津滨海新区、深圳市、厦门市、义乌市）、统筹城乡（重庆市、成都市）、“两型”社会建设（武汉城市圈、长株潭城市群）、新型工业化（沈阳经济区）、资源型经济转型（山西省）、农业现代化（黑龙江省“两大平原”）6 种类型，改革主题涵盖了我国经济社会发展的一系列重要改革任务。可以看出，开发开放的改革试点都选在东部沿海地区；重庆大城市大农村大山区大库区和城乡区域差异大的特殊市情是中国典型“二元结构”的缩影，适宜开展统筹城乡改革试验。浙江省根据省内各市的实际情况，分别确定不同的改革主题，推进综合配套改革试点（见表 2－6）。

表 2－6　浙江省综合配套改革试点

序号	城市	改革试点主题
1	杭州市	综合配套改革试点
2	宁波市	进一步扩大对外开放综合配套改革试点
3	温州市、台州市	民营经济创新发展综合配套改革试点

续表

序号	城市	改革试点主题
4	湖州市	社会主义新农村建设综合配套改革试点
5	嘉兴市	统筹城乡综合配套改革试点
6	绍兴市	工业转型升级综合配套改革试点
7	金华市	现代服务业发展综合配套改革试点
8	衢州市	特色产业发展综合配套改革试点
9	丽水市	生态经济创新发展综合配套改革试点
10	舟山市	海洋开发综合配套改革试点
11	义乌市	统筹城乡和国际贸易综合配套改革试点

案例分析2－6 浙江省如何进行分类改革试点

我国改革开放到了今天已经进入深水区，与40年前比较，其最大的差别就在于各地发展的不平衡性。就是在一个省也有各地区不同的差异，所以，试图以一种模式来深化改革已经行不通了。浙江省作为全国转变经济发展方式综合配套改革试点区，他们从国际国内局势分析，从省情出发，在开展试点过程中，不是简单地将上级文件转发，而是从区域特点进行针对性的指导。坚持面上改革与重点领域突破相结合，坚持解决当前突出问题与谋划长远发展相结合，坚持试点先行与整体推进相结合。这就为分类改革明确了基本的方向，采取了“具体情况具体分析，不同问题采用不同方式”的实事求是方法论。

杭州市作为省会城市，开展综合配套改革试点的条件相对成熟，可以在综合上下功夫，提出了围绕率先建立充满活力的创业创新体制、改善民生的社会管理体制和科学高效的行政管理体制，借鉴浦东综合配套改革试点做法，着力推进自主创新、产业转型升级、区域合作、社会保障、服务型政府等综合性很强的体制改革方向。并且明确了率先建成创业创新、充满活力、民生保障全覆盖、政府管理科学高效的综合配套改革目标。

宁波市拥有濒临海洋的北仑港，是我国沿海对外开放的基地，十分有利于开展扩大对外开放的综合配套改革试点。根据宁波的实际情况，浙江省提出了“服务长三角，辐射中西部，对接海内外”的开放总体要求，在区域开发、产业升级、港口整合、金融服务、行政管理等方面的体制改革，在此基础上，摸索建立与开放型经济相适应的市场经济体制，全面提升其国际化水平，建成内外联动、互利共赢、规范高效、接轨国际的开放型经济先行区。

针对温州、台州的民营经济发展较快的现状，加之民营经济在近年的发展中受到一些质疑，浙江决定在这两个市进行民营经济创新发展综合配套改革试点。这对于破解民营经济发展的体制机制障碍，努力探索民营经济发展的制度、技术、管理和服务创新等体制，无疑具有十分重大的意义。同时，温州和台州的创新实践，对于加快建立民营经济创新发展的新机制，激发民营经济创新发展的动力和活力也有极大的促进作用。通过探索，温州、台州完全可以在全国率先建成创业活力更足、创新能力更强、创业环境更优的民营经济发展示范区。

湖州的第一产业虽然比重不高，但是新农村建设一直走在全省前列，特别是美丽乡村建设更是吸引了不少人慕名前往，在多方参与农村建设方面有不少的经验，根据湖州的特点，浙江省决定在该市开展社会主义新农村建设综合配套改革试点。改革试点的目的是以发展农村经济、增加农民收入、加强农村基础设施建设为重点，努力探索如何利用各方力量共建新农村的体制机制。同时还着眼于长效机制的建立，以村镇规划为引领，产业发展为基础，生态环保为保障，科技创新为动力，全面提升劳动力素质，建成经济繁荣、生活富裕、村容整洁、充满活力的新农村建设示范区。

绍兴自改革开放以来，工业发展逐渐成为市里的支柱产业，但是，面对互联网、大数据和人工智能等高科技时代的到来，绍兴工业能否与时俱进，保持可持续的发展，需要绍兴通过全面深化改革和开放来解决。浙江决定在绍兴市开展工业转型升级综合配套改革试点，提出试点要紧紧围绕坚持培育新兴产业与提升传统产业相结合，坚持促进信息化与工业化的深度融合，坚持推进传统产业改造升级、块状经济转型提升、新兴产业培育发展、资源要素集约利用等体制机制建立的目标，以建成产业集群层次高、节能环保水平高、自主创新能力强、市场竞争实力强的新型工业化发展先导区。

综观浙江省的分类改革实践，我们认为有以下几点值得认真总结：一是实事求是，一切从实际出发，这是我们深化改革必须遵循的基本原则。作为一个经济先行的大省，浙江同样面临自己的实际情况和发展阶段，只有把握了这些实际情况去设计改革的路径，才能取得实践的好效果。二是把握特殊性，尊重地方发展特色。分类改革始终坚持从具体的地区发展特点出发，从发展过程中最需要最迫切需要解决的问题出发，来确定改革的目标和具体措施。三是坚持省级的顶层设计，但又同时充分发挥各地区的积极性。毛泽东同志曾指出，两个积极性比一个积极性好得多。浙江省在确定了改革的目标任务后，及时追踪改革动态，通过有力的指导使各地区的改革沿着正确的道路进行。

（三）鼓励创新，包容失败

改革试点各项工作环环相扣，始终有一条红线贯穿其中，就是以人民群众自主、自愿为前提，充分发挥人民群众的积极性、主动性和创造性，依靠群众解决改革推进中的问题，很多试点经验都源自群众首创。中央和地方始终都鼓励支持改革创新，1984 年《中共中央关于经济体制改革的决定》中就提出，“对于锐意改革的干部和群众，要采取积极支持的态度。对于在改革中出现的偏差和错误，除了严重违法乱纪者必须依法处理外，都要采取疏导的方针，批评教育帮助的方针，而不要戴政治帽子”。党的十八届三中全会进一步鼓励地方、基层和群众大胆探索，加强重大经济体制改革试点工作。2006 年 3 月 20 日，深圳市出台《深圳经济特区改革创新促进条例》，这也是国内第一个地方改革创新条例，真正体现了鼓励创新、包容失败。条例第五章激励保障，明确市政府设立改革创新奖项，对积极推进改革创新工作取得重大成绩的给予表彰和奖励；也提出改革创新工作未达到预期效果，但同时符合改革创新方案制定和实施程序符合有关规定、个人和所在单位没有牟取私利、未与其他单位或者个人恶意串通，损害公共利益的，可以免于追究有关人员的责任。2008 年，西安市出台改革创新促进条例，第十八条明确市政府建立改革创新督查考评、奖励机制，设立奖项，对推进改革创新工作取得重大成绩的、改革创新研究成果或者意见建议被采纳取得重大经济效益或者社会效益的、在改革创新工作中做出其他突出贡献的给予表彰奖励；同时也明确了因法律、法规的修改和国家政策的调整等不可抗力原因导致改革创新未达到预期效果的，有关人员不承担责任；改革创新工作未达到预期效果，但同时符合改革创新方案制定和实施程序符合有关规定的、个人和所在单位未非法牟取私利的、未与其他单位或者个人恶意串通损害公共利益的，原始记录能够证明相关人员已经履行了勤勉尽责义务的，免于追究有关人员的责任，消除改革者的后顾之忧。2018 年中共中央办公厅印发的《关于进一步激励广大干部新时代新担当新作为的意见》，更旗帜鲜明地提出完善容错纠错机制，“对干部在改革创新中的失误错误进行综合分析，该容的大胆容错，为敢于担当、踏实做事、不谋私利的干部撑腰鼓劲”。

专栏2-2 《深圳经济特区改革创新促进条例》的激励保障[①]

第二十九条 市政府设立改革创新奖项，对有下列情形之一的组织和个人给予表彰和奖励：

（一）积极推进改革创新工作，取得重大成绩的；

（二）改革创新研究成果或者意见、建议被采纳，取得重大经济效益或者社会效益的；

（三）在改革创新工作中有其他突出贡献的。

其他国家机关、公立非营利机构和人民团体应当对提出具有重要价值的改革创新意见或者建议的组织或者个人，给予适当奖励。

第三十条 国家机关、公立非营利机构和人民团体应当将改革创新工作作为绩效考核的重要内容。

市体制改革工作机构应当有计划地组织对有关国家机关、公立非营利机构和人民团体的改革创新工作进行评价，并公布评价结果。

第三十一条 国家机关、公立非营利机构和人民团体的工作人员对改革创新工作做出突出贡献的，应当作为其晋升职务、级别的重要依据。

第三十二条 深圳经济特区法规、深圳市法规、市政府规章、规范性文件制定机关应当根据改革创新的需要，及时制定、修改或者废止法规、规章、规范性文件，巩固改革创新成果，保障改革创新顺利进行。

第三十三条 国家机关、公立非营利机构和人民团体开展改革创新工作所需要的经费应当列入部门预算，予以保障。具体办法由市财政部门会同相关部门制定，经市政府批准后施行。

第三十四条 国家机关、公立非营利机构和人民团体可以公开征集改革创新方案，也可以委托专门机构起草、论证、评估改革创新工作计划和方案。

① 摘自：《深圳经济特区改革创新促进条例》。

第三十五条　国家机关、公立非营利机构和人民团体应当加强改革创新工作研究，积极推广改革创新成果。

鼓励其他组织和个人开展改革创新的理论研究。

专栏2－3　《关于进一步激励广大干部新时代新担当新作为的意见》（部分）[①]

切实为敢于担当的干部撑腰鼓劲。建立健全容错纠错机制，宽容干部在改革创新中的失误错误，把干部在推进改革中因缺乏经验、先行先试出现的失误错误，同明知故犯的违纪违法行为区分开来；把尚无明确限制的探索性试验中的失误错误，同明令禁止后依然我行我素的违纪违法行为区分开来；把为推动发展的无意过失，同为谋取私利的违纪违法行为区分开来。各级党委（党组）及纪检监察机关、组织部门等相关职能部门，要妥善把握事业为上、实事求是、依纪依法、容纠并举等原则，结合动机态度、客观条件、程序方法、性质程度、后果影响以及挽回损失等情况，对干部的失误错误进行综合分析，对该容的大胆容错，不该容的坚决不容。对给予容错的干部，考核考察要客观评价，选拔任用要公正合理。准确把握政策界限，对违纪违法行为必须严肃查处，防止混淆问题性质、拿容错当“保护伞”，搞纪律“松绑”，确保容错在纪律红线、法律底线内进行。坚持有错必纠、有过必改，对苗头性、倾向性问题早发现早纠正，对失误错误及时采取补救措施，帮助干部吸取教训、改进提高，让他们放下包袱、轻装上阵。严肃查处诬告陷害行为，及时为受到不实反映的干部澄清正名、消除顾虑，引导干部争当改革的促进派、实干家，专心致志为党和人民干事创业、建功立业。

① 摘自：《关于进一步激励广大干部新时代新担当新作为的意见》（中办发〔2018〕29号）。

案例分析2－7　金普新区“容缺受理”体制的探索

我国各级政府部门历来在审批项目的过程中，都始终坚持所谓的“法定原则”，无论任何情况，只要不符合法定的要求条件，就不接件更不批准。这从一般意义上似乎在坚持原则，而实际上就是缺乏改革创新的精神，不去研究既在根本上不违法，又能相对灵活的解决问题的新思路。大连金普新区在改革实践中摸索出来的“容缺受理”就是这种新思路的有益尝试。他们在审批项目的实践中发现，往往有这样的情况，不少项目已经具备了基本申请条件、申请材料主件齐全且符合法定条件，而一些非主要材料存在缺陷或瑕疵，按规定，就打回退件重新补办，这往往要耽搁项目单位很多宝贵的时间。他们在实践中打破常规，实行窗口先行“容缺受理”，行政审批部门同步开展审查，申请人在行政审批部门进行现场勘查或领取办理结果时补正材料。这一改革破了传统模式，为项目单位赢得了时间，缩短了项目审批周期。既挑战了传统的“申请材料齐全且符合法定形式再受理”的要求，也在没有违反原则的前提下开辟一条“绿色通道”。

在探索开放型经济新体制试点试验中，新区持续推进简政放权、放管结合、优化营商环境，作为探索的重点任务，“容缺受理”就是一项有益探索。“容缺受理”直接方便了企业，避免反复办、来回跑。到目前对11个进驻部门、29项事项实行“容缺受理”，容缺时限最短两天，最长30天。“容缺受理”本质上是“宽进严管”审批制度的具体探索，探索的重点是在市场主体准入环节上如何“宽”，在事中、事后监管环节上如何抓“严”。目标是建立以信用监管为核心的政府监管、企业自治、行业自律、社会监督的市场主体监管体系。该制度着眼于更好地服务企业，推行人性化审批制度改革，推动政府与企业建立互信互助关系。

为了推动制度落地，新区公共行政服务中心经过广泛调研和反复论证，根据法律法规要求和风险级别，将审批事项分为零容缺、低容缺、高容缺三个类别。对于零容缺事项，严格按现有流程办理；对于低容缺和高容缺事项，同样根据法律法规要求和风险级别，将申报材料进一步细分为主审、次要要件两部分，次要要件全面推行“容缺受理”。次要不是可有可无，而是风险可控可管，能够纳入事中、事后环节中的审批事项，申请人若逾期未能补齐补正材料，审批部门有权撤销审批决定，申请人也将因失信而受惩，被列入失信名单。“容缺受理”是一种制度的尝试，更是借助构建开放型经济新体制先行先试契机，加快建立企业信用征信系统、失信惩戒机制的有力举措。基于对企业信守承诺基础上推行的容缺受理，对于进一步优化新区营商环境，加强新区企业自律，推进社会诚信体系建设上具有重要意义。

（四）加强统筹，凝聚合力

改革试点因其本身具有强烈的探索性，很难一帆风顺，因此，试点推进中加强统筹协调，充分调动各方积极性，争取大多数形成综合力量就成为一条普遍经验。综合配套改革试验，是全面推进经济社会多领域的改革，涉及行政、科技、金融、贸易、土地、户籍、公共服务、社会管理、生态文明等方方面面的体制创新，各个领域、各个环节改革都有关联性、互动性，每一项改革举措的制定出台都会和其他改革发生关联作用并产生重要影响，每一项改革的顺利推进也都需要其他领域改革的协同配套。改革试验中建立了“上下联动、部门协同”的推进机制，国家发展改革委会同有关部门积极发挥指导协调作用，强调改革的综合性、整体性、协调性和互补性，注重多领域、多部门的协同配合，确保改革试验“明确目标、锁定风险、配套有序、封闭运行”；试验区与中央有关部门保持紧密互动，建立部省合作机制和重大改革协同推进机制。这一改革推进方式凝聚了改革合力，集中了改革推力，使得改革试验加快取得突破。比如，重庆市在推进农民工户籍制度改革中，一直强调不能就户籍改户籍，必须加强户籍制度改革与农村产权制度、社会保障制度等其他领域的改革统筹协调，完善农村土地承包经营权的流转机制，通过地票制度自愿有偿退出宅基地使用权，通过农村集体资产股权化改革增加农民财产性收入，建立城乡一体的社会保障体系，公租房申请没有户籍限制等，正是因为加强统筹，才使得转户进城的农民工能带着财富有尊严的进城，及时平等享受城市的就业、教育、医疗、住房、社保等公共服务。当前，改革进入攻坚期、深水区，推进改革试点并取得突破的难度明显加大，如果不加强统筹，各方面改革措施相互掣肘，甚至相互抵触，改革试点就很难推进下去，即使勉强推进，效果也会大打折扣。

案例分析 2－8　重庆户籍改革试点探索

重庆在进行统筹城乡综合配套改革试点探索中，户籍改革是一项非常重要的内容，从一开始，市政府就认识到，这是一项涉及面很广的改革，必须兼顾各个方面。他们首先是抓住产城融合的“牛鼻子”，为人口转移夯实基础。通过发挥比较优势，推动区域互联互通，促进资源优化配置和高效利用，推动“一区两群”新型城镇化布局，努力提升城镇吸纳人口的能力。坚持“建设用地计划指标跟着产业和人口走、人口跟着产业走”等思路，产城融合发展成效明显，城镇化布局进一步优化，全市户籍人口城镇化率和常住人口城镇化率逐年上升，且转移人口主要落户在主城区；产城融合促进了人口集中、城镇发展，增强了城市承载能力。

其次是抓住政策配套的关键措施，保障落户居民利益。通过制定《重庆市户口迁移登记实施办法》，细化了差别化落户政策。例如，如明确城乡低保对象认定、计划生育奖励扶助对象认定标准；使城乡居民公共服务政策与户口性质“脱钩”；建立人口信息管理制度，并将其纳入全市信息化“三库四平台”建设；实施了进城落户居民依法处理宅基地和承包地制度，探索试点农村宅基地、林地、承包地、集体财产和收益分配权“四权”退出机制，推进农村产权抵押融资等试点；探索建立统筹城乡社会保障机制，推动社会保险的市级统筹；落实平等教育待遇，妥善、有序解决了流动人口随迁子女接受义务教育；探索保障性住房建设管理模式，在全国率先打破城乡、地域和户籍限制，将进城落户居民和稳定就业的农民工纳入公租房保障范围。推动城镇公共服务常住人口全覆盖，出台《重庆市居住证实施办法》，赋予常住人口教育、社保、民政、卫计等38项权利待遇，进一步扩大了公共服务覆盖范围。

最后是抓住资源配置的机制创新，促进人口有序转移。重庆是典型的“西富东穷”格局，而在西部2万多平方公里内，狭小的主城人口又非常集中，如何引导主城人口合理分布，提升渝西其他片区吸纳人口能力，并推动渝东地区人口有序转移？在实践过程中，采取了差别化人口政策，以“点对点”“点对片”“片对片”方式，建立健全人口输入地与输出地的联动机制；同时又以区域优势资源互补为前提，以市场化运作方式进行项目协作，促进了进城落户人口总量平稳增长、落户区域合理分布。建立“人地钱”挂钩，形成财政转移支付与人口市民化挂钩机制；建立“人地挂钩”办法，形成城镇建设用地增加规模同吸纳转移人口落户数量挂钩机制。

案例分析2-9　公租房制度的率先建立

重庆市是一个典型的大城市与大农村相结合的中等省份架构，在统筹城乡过程中有一个绕不开的问题，就是部分进城长期务工农民的居住问题，重庆结合自己的实际情况，在全国率先确立了公租房制度，较好地解决了部分进城农民工居住问题。为了使这一新生事物能长久地持续下去，重庆首先就确保规划布局合理，同时政策跟进配套的措施。在建设公租房初期，就确定了"均衡布局、交通便捷、配套完善、适于就业"的原则，公租房绝大部分都布局在主城区，在主城区外的都集中在交通条件较好的大型人口集居区内，与周边商品房按照一定比例混建，与商品房小区共同形成20万~30万人口的城市大社区，这样，就保证了公租房居民与其他城市居民共享公共配套和服务。还在全国率先发布了《公共租赁住房设计标准》，保障了公租房和学校、社区医院、商场、警务室、健身设施和公共活动场地等公共服务设施配置标准和质量，较好地满足了入住家庭的日常需要。重庆的这个做法，不仅使进城居民享受了与原有当地居民同等的公共服务，更重要的是，使他们能较快地融入城市居民的文化中。

为了使公租房能比较精准地为进城新市民所获得，重庆坚持了打破户籍限制，阳光公平分配的措施。城乡户籍制度是城市进行房屋分配的樊篱，重庆率先打破了这一差别，将保障范围重点确定进城务工人员、城市原住民、外地来渝就业人员和大中专毕业新就业人员这三类群体。范围确定还需要公平公正，重庆在分配过程中严把审核关，坚持摇号配租公开、"双随机"配对摇号、全程公证几大环节，严抓"两审两公示"。还根据不同对象制定建立了公租房、安置房、D级危房搬迁住户分类保障机制。符合廉租住房保障对象申请公共租赁住房时，可享受廉租住房的优惠租金；统筹公租房作为安置住房、城镇直管公房中的D级危房应急搬离安置的房源，实行差别化租金、一体化管理。

公租房的使用对象决定了其租金的低廉性，这就需要从源头抓起，重庆采取了国资集中建设，严控质量成本的措施。以市区两级政府为主体进行开发建设，指定投资建设机构作为项目业主方进行开发，市、区县政府开发区、工业园区是最终产权所有者。以划拨方式供应项目土地，从源头上降低建设成本，以财政投入和贷款3:7的比例安排融资结构，以30～80平方米的小户高层户型为主。建设过程严格执行质量安全、节能环保等工程建设标准和公共租赁住房设计标准，从整体上控制建设成本在3000元/平方米左右。

尽管采取了严格的审查措施，但也难免出现“鱼目混珠”问题，一些不符合条件的人以各种方式获取居住权的现象也时有发生，重庆坚持了严格住用监管，坚守保障底线的措施。在分配以后，不定期对全部新入住户进行明察暗访，核对实际居住人，防止转租现象发生。组建房屋管理员、楼栋信息员、网络监督员三方监管队伍；设置群众举报电话、信箱、建立调查取证、查处整改、清退追责三步工作流程。建立资格动态核查工作机制，通过不动产登记系统信息比对、接受社会举报、定期巡查和不定期抽查等方式进行资格核查，及时清退资格发生变化后不符合保障条件的承租人。

要保持公租房的长治久安，重庆还在公租房区域建立了创新治理管理，构建和谐社区的措施。从租户进入就注重文化建设，统筹实施了服务型基层组织、和谐文化、互助社区和平安社区“四个工程”建设。建立社区大党委及各类党组织，推动基层党建与社区治理有机融合。完善“社区干部＋专业社工＋志愿者”服务体系，形成了多项特色志愿服务体系。健全群防群治治安防控体系和矛盾纠纷调处机制、设立司法调解室、综治室。推行就业创业促进计划、搭建招聘平台等活动，促进了就业。组织社区邻里节、市民学校，设立居民互助基金等，激发了公租房群众内生活力和互助意识，逐渐形成具有公租房特色的社区文化。

（五）以开放促进改革，以改革推动开放

回顾我国改革开放40年的历程，最显著的特点就是改革和开放并举，以开放促进改革，以改革推动开放。我国改革开放是辩证的统一。开放必然要求解放思想、破除封闭思维，形成倒逼内部改革的动力，必然伴生改革、去除不适应开放的樊篱和束缚，因此，开放也是改革。早在1987年，邓小平同志在发表《加强四项基本原则教育，坚持改革开放政策》讲话时指出，中国要得到发展，就必须坚持对外开放，对内改革。通过对外开放，学习世界先进国家和地区的理念、技术、管理方法等，推动跨越式发展；通过对内改革，加强体制机制创新，将对外开放形成的逐步建立和完善社会主义市场经济体制。习近平总书记指出，“不断扩大对外开放，提高对外开放水平，以开放促改革、促发展，是我国发展不断取得新成就的重要法宝”。比如，从自贸区试验来看，通过对接高标准国际经贸规则，倒逼国内改革，试点地区紧扣制度创新这一核心，在贸易、服务、金融等各领域开展创新实践，并在体制机制上率先突破。通过逐步扩容自贸区试点地区，迅速复制改革经验到更多区域，加快在更大范围、更广领域形成各具特色的试点格局，从而推动全面深化改革扩大开放。

案例分析2－10　跨境双向人民币资金池试点

随着我国跨国集团企业的不断增多，集团内部的资金调剂和借债也会逐渐增加，但是，根据现行的货币管理规定，凡涉及跨境的资金调动，当属于外汇管理之范畴，这对于跨国集团的业务开展极为不利。上海自由贸易区为了使跨国集团能较好地进行集团跨境经营，努力探索跨境双向人民币资金池的建立，为跨国集团的发展走出了一条新路。

由于经营管理需要，跨国企业集团在境内外非金融成员企业之间经常会产生跨境的资金余缺调剂和归集业务，这在本质上属于企业集团内部的经营性融资活动。但根据我国现行管理规定，跨境的资金调动在集团内部是不能操作的。上海自贸区在实践中尝试了跨国集团总部可以指定在中国境内依法注册成立并实际经营或投资、具有独立法人资格的成员企业，作为开展跨境资金调整的主办企业，双向归集包括资金池境内主账户归集境内资金池成员资金对外放款，以及归集境外资金池成员资金对内借人外债。界定对外放款和借入外债都是公司之间的借款行为，这就是跨境双向人民币资金池的含义。

跨境双向人民币资金池业务从 2013 年底在上海自由贸易试验区启动。与传统的跨境资金调拨业务相比，跨境双向人民币资金池具有可以自由跨境调拨、免去相应审核手续、资金到账快捷方便等优点。对于跨国集团而言，资金的集中和调拨使用具有强烈需求，但现行体制对境外总部和中国境内子公司不能自由划转资金，需要层层审批。随着我国国际贸易规模不断扩大，大型跨国企业集团对人民币的跨境使用及人民币国际化产生了越来越多的需求。上海市的这一探索，得到了国家有关部门的支持，2013 年 12 月 2 日，中国人民银行出台《关于金融支持中国（上海）自由贸易试验区建设的意见》，提出自由贸易试验区内试点跨境双向人民币资金池业务，企业可根据自身经营需要，开展集团内双向人民币资金池业务，为其境内外关联企业提供经常项下集中收付业务。2014 年 2 月，中国人民银行上海总部出台了《关于金融支持中国（上海）自由贸易试验区扩大人民币跨境使用的通知》，对跨境双向人民币资金池的设立作了具体规定，跨境双向人民币资金池迅速发展起来。

上海的这一探索，给企业以极大的便利。例如，金士顿集团是全球最大的独立内存产品制造商，总部位于美国加利福尼亚州，在欧洲和亚洲设有主要运营中心，在美国、中国大陆和中国台湾设有主要生产基地。集团于2000年11月和2004年8月在上海外高桥综合保税区分别成立了2家全资子公司：金士顿科技电子（上海）有限公司主要负责集团亚太区资金管理，兼中国市场存储模块及数码产品相关零部件的贸易及贸易代理；金士顿科技（上海）有限公司为集团的主要生产基地之一，从事存储模块及数码产品相关零部件的加工生产服务。近年来，金士顿集团在亚太区的财务管理重心逐步开始平移到上海，其中金士顿科技电子（上海）有限公司作为资金管理中心，已建立了全球账户系统与美国总部直联进行日常账务、资金处理。受此前金融监管的限制，集团成员企业境内外资金难以直接高效流通，降低了集团管理效率、增加了资金成本。另外，自2014年起金士顿在中国生产业务由来料加工向进料加工转移，集团在中国资金的需求量也开始增加，因此迫切需要提升集团跨境资金流通的效率。为此金士顿申请加入上海第一批跨境双向人民币资金池试点企业。金士顿境外总部在资金安排等方面给予了金士顿上海充分的支持，然而在自由贸易试验区新政出台之前，境内要取得境外资金，除了服务及贸易项下收汇外，只能通过外债登记向境外总部借入资金，受手续、额度、使用期间等限制，无法高效率使用资金。根据上海自贸区扩大人民币跨境实验的要求，金士顿上海两家公司与中国建设银行合作，以金士顿科技电子（上海）有限公司作为人民币资金池主账户，发挥其亚太区资金管理中心的角色，开展自由贸易试验区双向人民币资金池业务，并取得利好。

主要体现在平衡了境内外资金盈缺，提高资金使用效率。通过跨境双向资金池业务，公司的境内外成员企业间可以相互调拨资金，只需一天即可满足成员企业间资金需求。降低了公司资金成本，创造有利授信条件。在当前国内银行人民币融资环境下，境内企业需要承担4%~6%的融资成本，如今境内企业可以通过跨境双向人民币资金池向境外总部借入闲置资金，节省境内企业贷款利息支出，降低集团资金成本。增加了跨国企业跨币种汇率管理弹性。跨国企业境内成员一般对于外币及人民币均有收付需求，我国从2015年人民币汇率改革后，汇率形成机制更加市场化，汇率波动幅度更甚以往，对跨国企业跨币种汇率管理形成挑战。透过搭配外币双向资金池，调配成员之间人民币及外币资金存量，可以让企业更灵活地配置人民币及外币，满足各成员间在不同时期对不同币种的需求。

上海市开展跨境双向人民币资金池业务试点，对我国放开资本项目管制会产生积极的意义，随着在实践中的进一步完善，为加强金融监管提供很有价值的经验。一是可以有力推动跨国企业的全球资金配置能力，推动总部经济发展。跨境双向人民币资金池有利于跨国企业统筹配置境内外资金，提高资金利用水平和管理效率，节约交易费用；有利于增强企业参与全球贸易和投资活动的竞争力。二是可以加强跨境收支监管体系建设，进一步完善企业信用制度。由于跨境资金涉及范围广，相关部门应加强信息沟通和联合执法，逐步建立和完善适应人民币国际化和资本项目渐进开放的跨境收支监管体系。把参与跨境双向人民币资金池业务的跨国企业集团及境内外成员企业逐步纳入信用体系，减少其违规操作风险。

（六）一定程度上总结推广

专栏2-4　《关于做好自由贸易试验区第四批改革试点经验复制推广工作的通知》（部分）[①]

按照党中央、国务院部署，11个自贸试验区所在省市和有关部门结合各自贸试验区功能定位和特色特点，全力推进制度创新实践，形成了自贸试验区第四批改革试点经验，将在全国范围内复制推广。

① 摘自：国务院《关于做好自由贸易试验区第四批改革试点经验复制推广工作的通知》。

一、复制推广的主要内容

（一）在全国范围内复制推广的改革事项

1. 服务业开放领域："扩大内地与港澳合伙型联营律师事务所设立范围""国际船舶运输领域扩大开放""国际船舶管理领域扩大开放""国际船舶代理领域扩大开放""国际海运货物装卸、国际海运集装箱场站和堆场业务扩大开放"5项。

2. 投资管理领域："船舶证书'三合一'并联办理""国际船舶登记制度创新""对外贸易经营者备案和原产地企业备案'两证合一'""低风险生物医药特殊物品行政许可审批改革""一般纳税人登记网上办理""工业产品生产许可证'一企一证'改革"6项。

3. 贸易便利化领域："跨部门一次性联合检查""保税燃料油供应服务船舶准入管理新模式""先放行、后改单作业模式""铁路运输方式舱单归并新模式""海运进境集装箱空箱检验检疫便利化措施""入境大宗工业品联动检验检疫新模式""国际航行船舶供水'开放式申报+验证式监管'""进境保税金属矿产品检验监管制度""外锚地保税燃料油受油船舶'申报无疫放行'制度"9项。

4. 事中事后监管措施："企业送达信息共享机制""边检服务掌上直通车""简化外锚地保税燃料油加注船舶入出境手续""国内航行内河船舶进出港管理新模式""外锚地保税燃料油受油船舶便利化海事监管模式""保税燃料油供油企业信用监管新模式""海关企业注册及电子口岸入网全程无纸化"7项。

（二）在特定区域复制推广的改革事项

1. 在海关特殊监管区域复制推广："海关特殊监管区域'四自一简'监管创新""'保税混矿'监管创新"2项。

2. 在海关特殊监管区域及保税物流中心（B型）复制推广："先出区、后报关"。

二、高度重视复制推广工作

各地区、各部门要以习近平新时代中国特色社会主义思想为指导，全面贯彻党的十九大精神，深刻认识复制推广自贸试验区改革试点经验的重大意义，将复制推广工作作为贯彻新发展理念、推动高质量发展、建设现代化经济体系的重要举措，更大力度转变政府职能，全面提升治理能力现代化水平，着力推动制度创新，进一步优化营商环境，激发市场活力，逐步构建与我国开放型经济发展要求相适应的新体制、新模式，推动形成全面开放新格局，不断增强经济创新力和竞争力。

改革试点的目的就是探索改革路径，积累改革经验，由点及面推广经验做法并减少改革失误。因此，及时总结并推广试点经验理应成为改革试点的应有之义和重要环节。国家各部委和各省市在推进改革试点过程中，也都高度重视试点经验的总结和推广工作。国家层面的总结推广：2013 年底，国家发展和改革委员会委托 12 家研究机构对国家综合配套改革试验区进行第三方总结评估，专家评估后认为，改革试点取得了丰富的制度创新成果，为落实党的十八届三中全会《决定》精神、全面深化改革创造了具有重要示范和先行意义的经验，按其成熟程度可分为四类：一是基本成熟、比较定型，可以上升到制度层面的经验；二是成本较低、行之有效，可以在更大范围推广的经验；三是需要一定前提条件，可以因地施策地在符合条件的地区推广的经验；四是有些刚刚破题、经验尚未成熟，需要继续深化的改革经验。地方层面的总结推广：重庆市创新开展地票制度改革后，在全国引起较大反响，其他省市纷纷到重庆土交所调研学习，义乌市在借鉴重庆地票制度的基础上，结合实际创新“集地券”制度，创新宅基地退出机制，打造了城乡建设用地增减挂钩的升级版。2016 年，湖南省改革办印发《关于在全省推广一批改革试点和探索经验的通知》，经省委全面深化改革领导小组第二十一次会议研究决定，挑选具有制度机制成熟、操作办法管用、社会反响良好的宁乡市农村土地合作经营改革、湘西自治州公共资源交易体制改革等 10 个改革试点和探索经验在全省推广，并要求建立健全相关制度，分期分批总结改革试点经验，努力形成改革试点经验百花齐放、春色满园的生动活泼局面。

案例分析 2－11　玉溪市如何进行农田水利改革试点

2016 年水利部决定在云南省玉溪市开展农田水利改革试点，2 年多来，结合玉溪的实际情况，积极实践，取得了按分区分类试点的可复制、可推广的经验。

玉溪的农田形式多样，在进行农田水利改革试点中，他们主要采取了因地制宜、分类试点的方式。针对坝区，以中、小型灌区建设为主，推进农田水利设施配套完善，推广初始水权分配、合理的农业水价形成、社会资本参与、节水激励和精准补贴、群众全程参与、落实工程管护 6 项机制，努力解决灌区农田水利“最后一公里”问题，推进高原特色现代农业发展。①

针对山区，以小型灌区和“五小水利”工程为主，推进农田水利设施配套完善，推广水权分配、合理水价、节水激励、精准补贴、工程管护等制度；加快山区水利扶贫开发进程，着力提高山区供水保障水平，切实增强山区抵御自然灾害的能力，确保山区农田水利工程长效运行。②

① 楚雄州人民政府办公室关于加快推广农田水利改革试点经验的通知。

② 楚雄州人民政府办公室关于加快推广农田水利改革试点经验的通知。

针对重要饮用水源地和"三湖"流域，在比照坝区要求健全完善各项机制的基础上，注重构建节水减排合同管理机制。把节水减排各项目标任务和措施转化为合同管理，水行政主管部门委托水管理单位与农村用水合作社等合作组织、用水企业签订节水减排合同，明确用水合作社等合作组织、企业、农户节水减排的权利和义务。科学制订减排监测方案，加强减排监控设施建设，全面实施节水减排监控评价。全面推进农业高效节水减排工程建设，努力破解农业面源污染的治理难题，确保水源区得到良好保护、水源地水质安全达标，抚仙湖、星云湖、杞麓湖径流区保护和治理工作顺利推进。

水利是农业的命脉。我们在实行"联产承包责任制"的同时，对一些水利设施没有进行有效的维护，而今天，当农业发展进入新阶段时，农田水利基础设施的重要性显得十分重要。但是，新阶段有新情况，再用原有的方式进行水利建设不可行，怎么办？玉溪市的试点经验虽然简单，没有高深的理论，但却符合当地的实际情况。这一成功案例告诉我们，没有放之四海而皆准的农田水利改革模式，最好的经验就是，摸清楚实际情况，因地制宜地进行改革。

在国家层面，党的十九大以来，也高度重视成熟试点经验的推广。2018 年 5 月，商务部公布了新一批 30 项自贸区改革试点经验推广，此前，商务部已分批次向全国推广了 123 项自贸区改革试点经验，自贸区建设为全面深化改革和扩大开放探索新路径、积累新经验的功能得以充分体现。同年，国家发展改革委又对第一批新型城镇化综合试点的经验印发各地推广借鉴。

专栏2-5　国家及时推广新型城镇化试点经验（节选）[①]

为落实党中央、国务院印发的《国家新型城镇化规划（2014—2020年）》，2014年起国家发展改革委会同有关部门分三批将2个省和246个城市（镇）列为国家新型城镇化综合试点。2017年底，第一批试点2个省和62个市镇试点任务基本完成，取得一批阶段性成果，其中一些典型经验已通过政策性文件在全国范围推开。为在更广范围释放改革红利，对第一批试点经验进行全面总结，供各地区借鉴。

一、加快农业转移人口市民化

（一）持续降低大城市、特大城市和超大城市落户门槛。一些城市在参加城镇社保年限不得超过5年的国家规定下，进一步降低落户门槛。广东省东莞市取消实施8年的积分落户制度，将落户条件放宽为参加城镇社保满5年、办理居住证满5年，并将新生代农民工、技术工人、在城镇就业居住5年以上人口列为落户重点人群。重庆市不设落户指标控制、不搞积分排队，外来人口达到一定就业年限（最长5年）即可直接办理落户。

（二）探索大学生在特大城市和超大城市零门槛落户。一些城市取消就业、参加城镇社保和居住年限的落户前置条件，允许大学毕业生持毕业证、户口本、身份证先落户后就业。陕西省西安市允许全国在校大学生仅凭学生证和身份证即可完成在线落户。四川省成都市、湖北省武汉市将大学生落户年龄限制从35周岁分别放宽到45、40周岁。

① 摘自：国家发展改革委《关于印发第一批国家新型城镇化综合试点经验的通知》（发改规划〔2018〕496号）。

（三）探索在特大城市和超大城市不同区域差异化落户。一些城市探索在不同区域实行差异化落户，并构建区域间转户衔接通道，引导人口合理分布。山东省青岛市新区落户条件低于主城区、高于县城，在新区落户满5年的可落户主城区。重庆市主城区、郊区、新区落户条件分别为就业年限满5年、3年、2年。

（四）允许租赁房屋的常住人口在城市公共户口落户。广东省广州市、安徽省合肥市、四川省泸州市、云南省曲靖市、河北省石家庄市、福建省晋江市等城市设立城市公共集体户口，解决有落户意愿但无住所人群的落户问题。

（五）深化“人钱挂钩、钱随人走”。在安排省以下财政转移支付时综合考虑农业转移人口落户数量等因素，对落户较多地区实行财政资金奖励。山东省青岛市加大对吸纳农业转移人口较多且财力较差辖区的财政转移支付力度，并设立市民化奖励资金，对吸纳落户较多的辖区给予财政奖励。

（六）深化“人地挂钩、以人定地”。在制订各级土地利用计划和安排城镇新增建设用地规模时，进一步增加上年度农业转移人口落户数量指标的权重。重庆市以人定地编规划、地随人走调规划、人口落户下计划，根据各辖区户籍人口数量变化来调整建设用地规模，合理保障产业项目用地需求，推动人口向优势地区转移落户，城市发展新区累计获得人地挂钩建设用地指标超过75平方公里。

（七）改善农业转移人口随迁子女教育。浙江省义乌市实施居住证与入学挂钩的义务教育政策，2015—2017年，全市公办小学和初中累计招收2.6万名随迁子女，其中非本市户籍人数2万人。

（八）保障农业转移人口住房需求。一些城市将符合条件的常住人口纳入公租房保障范围和住房公积金制度覆盖范围。重庆市自2011年建设公租房以来，累计配租30多万套。安徽省芜湖市允许2000多名农业转移人口缴存住房公积金，发放公积金贷款超过2亿元。山东省德州市向自愿退出宅基地的农业转移人口发放“房票”，允许其凭“房票”进城购房。

三、试点的问题分析

改革永无止境，虽然改革试点工作取得了很大成效，也积累了不少经验，但仍然面临着一些矛盾和问题。

（一）试点名目繁多期限过长

当前，改革试点成为一种普遍的工作方法，国家各部委和各省市都推出了很多试点，颇有些“乱花渐欲迷人眼”的感觉。

一是有些改革试点名称各异内容相近。比如，为贯彻落实党中央、国务院关于加快推进生态文明建设的决策部署，2013 年 12 月国家发展改革委、财政部、国土资源部、农业部等六部委下发通知，在全国范围内选择有代表性的 100 个地区开展国家生态文明先行示范区建设，探索符合我国国情的生态文明建设模式。而早在 2000 年，环境保护部就命名了第一批国家级生态示范区。同为生态环保领域，同是贯彻生态文明建设决策部署，两个示范区的名称非常接近，牵头部委却不同。再如，2015 年，国家发展改革委开展国家新型城镇化综合试点，主要任务是“建立农业转移人口市民化成本分摊机制、建立多元化可持续的城镇化投融资机制、改革完善农村宅基地制度、探索建立行政管理创新和行政成本降低的新型管理模式等”；同期，国家发展改革委还开展了中小城市综合改革试点，主要任务是“以人口城镇化为核心，深化户籍制度改革、基本公共服务和提供方式、产城融合、土地管理体制、投融资体制、城市管理体制等为重点的改革”，可以看出，这两项试点的内容重合度很高，只是因为国家发展改革委内部不同的司局牵头，就开展了不同的试点。这些内容相近、名称各异的试点往往是试点组织者自认的工作抓手，大家都不愿意放弃，试点的种类繁多在一定程度上也助长了地方“拿牌子”的热情。

二是有些试点期限过长或未明确完成时限。比如，综合配套改革试验区在批复时都没有明确期限。中央《关于加强和规范改革试点工作的意见》要求“试点具体项目期限一般为1年，原则上不超过2年”。但以重庆市为例，党的十八大以来承担的中央部署改革试点共33项，其中国家生态文明建设先行示范区、国家贸易多元化试点、售电侧改革试点、内销选择性征收关税政策试点、企业增值税一般纳税人资格试点等10项都未明确完成时限，有14项改革试点已超过2年，最长的已有5年。试点时间过长，既与中央要求不一致，又久试无果，地方积极性逐渐减弱，试点作用发挥不够。

（二）试点的组织领导方式有待加强和研究

一方面，就承担改革试点的地方而言，地方政府治理能力和治理框架还不能完全适应改革试点的需要。例如，全国12个综合配套改革试验区中，有的地方综合配套改革部门机构设置不完善、职能划分不明确、人员配置不健全，协调各部门推动改革难度较大；还有些地方随着改革试点的逐步推进和地方工作重点的变化，原有的改革部门逐渐边缘化，协调力度变弱。重庆2007年被批准为全国统筹城乡综合配套改革试验区后，随即成立统筹城乡综合配套改革领导小组，由市长担任组长，并设立统筹城乡综合配套改革办公室；各区县也照此成立领导小组，有10多个区县单设统筹办作为事业单位，给予一定编制，配备相应人员。但随着改革试验的推进，第一阶段改革任务完成后，2014年全市撤销统筹城乡综合配套改革领导小组，改为综合经济体制（统筹城乡综合配套）改革专项小组，作为全面深化改革领导小组下的17个专项小组之一，区县也相应撤销统筹城乡综合配套改革领导小组，单设的统筹办基本全部撤销并入相关部门。2018 年在政府职能改革中，又撤销了市统筹城乡综合配套管理办公室，其工作职能由市发展改革委体改处承担。试点工作具有一定的时间周期，成立常设的机构领导，与政府机构精简相冲突；但如果缺乏强有力的组织领导，试点工作显然难以推动。采用什么方式加强领导，值得研究。

另一方面，部分国家部委或省级部门批复试点后，缺少指导协调。对改革试点的效果评价不够注重，基本上都没有建立淘汰机制，这也让部分试点承担单位认为拿到“牌子”就万事大吉了，缺少推进试点的紧迫感。还有进行了试点也没有及时总结推广经验，使试点达不到预期效果。比如，全国综合配套改革试验区从 2005 年开始，其间体改司每年都会召开改革试点工作会总结各地改革试点经验，但极少以文件形式正式推广；2013 年和 2015 年两次开展第三方专家评估，总结了各个试验区很多改革经验，也未在全国大规模宣传推广，这也导致综合配套改革试验区在全国的影响越来越弱。

（三）部分试点落地差进展缓慢

某些地方“申请热、探索冷，重牌子、轻实效”，推进试点过程中存在“等靠要”思想，期待通过试点得到更多的优惠政策，主动谋划不多，积极推进不够。国家发展改革委体改司曾在内部会议中点名国家综合配套改革试验区中的两个省市，争取试验区时积极汇报，甚至通过高层领导打招呼，但试验区批复后相关改革推进缓慢，成效甚微。究其原因，各地长期以来将经济增长作为政绩考核的核心指标，缺乏“改革政绩观”和相关的评价及激励机制，况且推进改革需要调整利益格局、时而触碰政策红线、可能承担改革风险，因此，部分试点牵头单位的领导和干部存在思想包袱，启动试点后存在畏难情绪，工作按部就班、依样画葫芦，不少改革只能在艰难的平衡中推进。

（四）部分试点的政策配套体系有待完善

随着改革试点的深入推进，越来越多地涉及土地、金融、财税等关键领域改革，而这方面的改革权力高度集中于中央政府，地方独立开展改革、创新突破的空间非常小，迫切需要加强部门协调和配套制度建设。例如，户籍制度改革、城乡统一的社会保障体制改革、开展离岸金融和航运业务创新等改革事项，需要部门间开展研究论证、统筹协调工作，合理为改革创新扫清“制度障碍”，而现有的部门协调机制亟须进一步加强。以沿海某市开展离岸金融业务为例，人民银行希望借此推动资本项目的开放，但原银监会出于审慎监管的考虑，在业务开展上比较保守，由于两个部门管理目标的协调困难，导致离岸金融业务难以推进。在新业态方面的改革探索，法律没有明确规定不可以开展，但也没有部门管理办法，存在监管跟不上、风险防控不够等问题，需要加强配套制度建设。例如，浙江某市综改试验区试行市场采购贸易方式，该市政府与浙江电子口岸合作建设涵盖主体准入、货物通关、税务外汇监管等环节的联网信息管理系统，需相关国家部委同意开放数据端口，实现市场采购贸易数据共享，但缺乏国家相关部门的配套政策和监管办法。又如，厦门市深化两岸交流合作综合配套改革试验，中央政策的原则性强，没有具体的配套措施，使得许多规定难以执行，如开放大陆异地游客金门一日游，但仅游客审查办证就需要三日，使得这一政策无法执行；口岸部门、物流作业单位和企业之间信息还无法互通和共享，造成口岸通关业务流程烦琐、单证复杂等。

（五）改革试点与依法依规的矛盾普遍存在

根据《国家综合配套改革试验区评估报告》，几乎每个综合配套改革试验区都提到了部分法律法规制约了改革试点。国家发展改革委原副主任、中国经济体制改革研究会会长彭森同志说，我国改革更多的是靠“试点、探索、总结、规范、立法再推广”的方式，先改革试点突破，再立法跟进推广。依法治国要求改革于法有据，而法律法规的稳定性和滞后性导致改革实践探索出现与现行法律规定不一致甚至超出现行法律法规范围的情况在所难免，很多基层的干部总结“一改革就无依据、一改革就碰线、一改革就违法”，这也使得部分重大改革任务很难实质性突破。

党的十八届三中全会明确提出，“允许具备条件的民间资本依法发起设立中小型银行等金融机构”，但各地在放宽民营经济进入金融领域的实践中，都遇到了现行法律的制约，因为《中华人民共和国银行业监督管理法》和《中华人民共和国商业银行法》都对发起设立银行类金融机构有严格的限制。深圳市商事制度改革中原本提出的个体工商户豁免登记、部分特殊行业的前置审批事项都有与现行法规相冲突的地方。成都、重庆开展如农村集体经营性建设用地和“三权”抵押融资等相关改革，符合党的十七届三中全会、十八届三中全会精神及有关政策规定，但与《中华人民共和国土地管理法》《中华人民共和国物权法》《中华人民共和国担保法》等法律规定存在冲突，相关法律修订严重滞后。特别是《中华人民共和国土地管理法》中对农户和集体经济组织在土地流转中的角色、集体建设用地参与非农建设、宅基地的使用权和收益权缺少可操作的规定。

第三章

关于全面深化改革试点的思考

2012年，党的十八大召开，党中央审视了国际国内的新形势，总结了新中国成立以来的实践，展望了21世纪中叶的发展未来，提出中国特色社会主义进入了新时代。并且回答了在新时代应该怎样坚持和发展中国特色社会主义这一重大时代课题，提出坚持统筹推进“五位一体”总体布局、协调推进“四个全面”战略布局和坚持稳中求进工作总基调，形成了新时代中国特色社会主义思想。正如习近平总书记所指出的那样，“我们以巨大的政治勇气和智慧，提出全面深化改革总目标是完善和发展中国特色社会主义制度、推进国家治理体系和治理能力现代化，着力增强改革系统性、整体性、协同性，着力抓好重大制度创新，着力提升人民群众获得感、幸福感、安全感，推出1600多项改革方案，啃下了不少“硬骨头”，闯过了不少“急流险滩”，改革呈现全面发力、多点突破、蹄疾步稳、纵深推进的局面”。① 这也意味着与改革配套紧密相关的改革试点工作也进入了一个新局面。

一、深化新时代全面改革试点的认识

改革开放是中国共产党的一次伟大觉醒，她孕育了党从理论到实践的伟大创造。改革开放也是中华民族发展史上一场伟大革命，她推

① 习近平. 在庆祝改革开放40周年大会上的讲话[Z].

动了中国特色社会主义事业的伟大飞跃。我们进入了具有中国特色社会主义现代化建设的新时代，就会面临新问题、面对新矛盾、面向新目标、走向新征程。经济体制改革试点是伴随着改革开放而发展的，试点始终有着鲜明的时代烙印。今天进入新时代，就有必要结合时代的特征，探索改革试点的新视角，摸索改革试点的新价值，提出改革试点的新课题。

（一）深刻认识全面加快改革进程的重要性

我国经过40多年的改革开放，相当于一个人经历了一次极其漫长的马拉松长跑，长时期发展必然留下一些需要解决的问题，经济社会进步到一定程度，又必然形成一些新的矛盾，而当今世界的经济政治环境给我们提出了许多需要重新认识和面对的挑战，尤其是2018年以来由美国所挑起的中美贸易摩擦，打破了世界的经济政治平衡，需要我们重新审视面对的新形势、新情况和新矛盾。

如鼓励人口生育，打破户籍刚性的问题。生育管制虽然短期内对于经济增长的作用不会很显著，但为了避免国家落入“人口陷阱”，必须尽快改革计划生育基本国策和相关体制，改善人口结构，并对户籍管理制度进行改革。

如深化国资国企改革。这是一个从城市改革之初就提出的重大命题，但始终呈现螺旋式的发展，目前主要提出国有企业的混合所有制改革，但我国的国有企业进行混改的已经达到七层，而国有资本授权体制、行政垄断体制、国有资产监管体制三大改革更需要加快推进。

如推进知识产权、科学研发等创新体制改革。长期以来，推动我国经济的科技主要是以引进和效仿的方式，这已经不适合我国今天的经济发展。要改革科技体制，加强自主基础研究和共性技术研究开发，必须拥有一批具有世界一流水平的原创技术；加强知识产权保护，既要解决好运用知识产权实现成果转化，防止知识产权纠纷，又要建立科技人员职务发明激励机制，加强自身的知识产权保护。国有企业改革要通过破除行政垄断，使企业成为真正的市场主体，通过政府引导、市场竞争倒逼形成一批具有创新能力的创新型企业。

如推进财政税收体制改革。财税体制事关国家运行的根本，既是经济体制改革，也是政治体制改革，财税体制改革涉及中央和地方、政府和企业以及部门间权利调整，不是政策上修修补补，而是在原来的基础上立足全局、着眼长远，进行制度创新和系统性重构，建立与现代国家治理体系和治理能力相适应的现代财政制度。除了实施政府收支的“全口径预算”、解决好“土地财政”、推进收税法制化、将立法权归还人大等重大问题外，要使政府始终处于过“紧日子”的状态，进一步降低企业税负，努力提高老百姓的收入。

如深化行政管理和政府机构改革。需要普及“让政府法无授权不可为，让市场法无禁止皆可为”的现代国家治理理念，制定“权力清单、负面清单、责任清单”作为政府和市场关系处理原则，以破除各级政府和公众长期形成的思想桎梏，激发经济体内蕴藏的创造力和活力。

如优化收入分配、社会保障与福利体系的建立。公平分配是社会和谐发展的基础，社会保障体系是调节收入分配的重要工具，社会福利体系则是调节分配的机制，因此对收入分配、社会保障与福利体系的优化至关重要。我国已经进入中高收入行列国家，完全有可能创造条件，立足于有利于老百姓长远利益基本经济制度的建立，用2~3个五年规划，建立起覆盖全体公民的全民教育、全民医疗、全民养老制度。

如推进土地制度改革。我国土地尤其是农村土地的权属问题一直困扰着农村发展，除了权属问题外，国有土地使用权和农村集体土地承包经营权如何占有、使用、收益、处置仍然存在问题。延长土地使用年期，形成有保障的土地物权，构建开放和包容的城乡统一土地市场，开征房地产交易增值税和房地产税是需要考虑的。

如建立全国统一市场。我国实行改革开放以来，虽然市场机制的作用基本得到各方认可，但是，分灶吃饭的财政体制使区域壁垒严重阻碍着市场化改革的步伐，亟须打破区域壁垒，建立统一开放、竞争有序的市场体系。反对地方保护，反对垄断和不正当竞争；加强区域间合作，在区域大战略下从竞争走向竞合。

（二）新时代改革试点的新视角

党的十九大进一步强调了坚持全面深化改革的要求。把改革的重要性提到了前所未有的高度，提出只有改革开放才能发展中国、发展社会主义、发展马克思主义。要坚持和完善有中国特色的社会主义制度，就需要坚决推进国家治理体系和治理能力的现代化，就需要坚决剔除不合时宜的思想观念以及体制机制，就需要坚决突破利益固化的樊篱，并同时吸收人类文明的有益成果，构建起科学规范、运行有效的系统制度体系，从而更加充分地发挥社会主义制度优越性。较之于改革开放之初，今天我国改革的首先范围更广，由相对单一的经济社会领域，扩展到政治文化各个方面；其次，深化改革的价值更大，由相对单纯的生产力解放，上升为如何坚持和完善中国社会主义制度；再次，改革的内容更深，由相对单一的经济社会制度改革，全面提升为国家治理体系和治理能力现代化的实现；最后，改革的难度加大，由政府以主要加大市场改革力度，转变为政府对自身的职能改革。改革对象主客体的变化、范围及其深度的强化等，都无一例外地说明了当前改革的艰难和阻力。也正因如此，用传统的视角来观察今天的改革，显然是行不通的。如果改革之初是单一的视角，今天就必须是系统的视角；如果当初是经济社会的视角，今天就必须是经济社会文化政治生态的全方位视角；如果当初是简单利益关系的提升，今天就必须是复杂利益关系的调整；相对党政机构而言，如果当初更多的是对别人的改革，今天就必须是更多的对自己的改革。

只有视角的改变，才可能深刻地认识到今天改革的意义和价值，才可能肩负起改革的重任，才可能完成改革。从我国经济社会改革的历史看，在推行任何重大改革前，都基本上进行了改革的试点（前文已有叙述），那么，在新形势下，还有试点的必要吗？首先需要对改革试点进行一个定义。由于我国经济社会发展中会产生一系列比较复杂的重大关联事项，涉及面广人多，牵扯利益多方纠缠，由于国家地区差异较大，“一刀切”的政策设计被历史证明行不通，怎么办？于是寻找一个或一些相对比较有代表性的区域或城市先行一步，从中探索出一些经验教训，为而后可能的推广积累成功条件。今天的改革系统性和关联性越来越强，从改革试点的基本特点看，改革试点的必要性就更强、更迫切、更需要。

试点既然如此重要，那么它是基于什么问题出发的呢？我国改革之初，所有改革都是从问题导向出发的，到了今天，还是问题导向吗？关于问题导向或目标导向，是中国经济体制改革研究会彭森会长最早提出来的，作为见证了我国改革进程的老一辈改革工作者，他回忆改革之初坚持问题导向的看法比较一致，当时改革没有一个固定模式，什么问题阻碍发展就对什么领域进行改革，让改革为发展开辟道路。农村改革、国有企业改革、价格改革，包括对外开放都是按照这个原则提出来的。目标导向的提法近年也被越来越多的同志所接受。从20世纪80年代中后期起，改革开始重视总体规划。例如，1986年“价、税、财”联动改革，1987年的“三五八”规划。真正按照目标导向筹划改革是到20世纪90年代上半期，按照社会主义市场经济目标规划确定改革的重点任务，形成“四梁八柱”的改革任务框架。但是分税制改革、汇率制度的改革等仍旧属于问题导向改革。20世纪90年代初，中国财政实行的还是财税包干体制，包括大包干、小包干、递增包干体制等。这种体制在一定程度上调动了地方积极性，但也造成了“两个下降”的后果，即财政收入占GDP比重从1979年的28.4%下降到1992年的12.6%；中央财政收入占全部财政收入的比重从41.5%下降到22%。当时全国的财政还不到4000亿元，中央财政捉襟见肘，要向地方借钱。所以当时分税制改革也是问题导向。近几年推进的供给侧结构性改革，实施“三去一降一补”，总体上也属于问题导向性的改革。彭森认为目标导向更为重要，要实现改革目标还应该走几步、过哪几关，必须要有清晰的认知。[①] 运用“木桶理论”的原理，如果在一些关键环节的改革滞后，就会转化成为体制性的短板，而目标导向改革，正是针对解决这些短板的问题。在给中央的报告中也明确提出过，中国最大的短板是体制制度，在当前激烈的国际竞争中最重要的是体制机制的竞争。从改革开放40年来看，可能前期更多强调的是问题导向，到今天要完成建立成熟完善的市场经济制度的目标，按照

① 《中国新闻周刊》第861期。

中共十九大的要求分两步走，就要考虑根据目标导向的原则积极推进产权制度、要素市场化配置等一些重点领域和关键环节改革的攻坚突破。

（三）新时代改革试点的新价值

1. 社会主要矛盾变化引发的新探索

试点的目的就是通过摸索出经验，抓住重点带动全面，这是我们党在革命建设改革各个阶段一贯倡导和坚持的方法论。成功推进党和国家的事业就必须准确把握我国社会主要矛盾。新民主主义革命时期，我们党牢牢把握帝国主义与中华民族、封建主义与人民大众这一主要矛盾及其不同时期的具体表现，制定了新民主主义革命路线和一系列方针政策，取得了新民主主义革命的胜利。新中国成立后，特别是我国社会主义基本制度建立后，明确了国内的主要矛盾是人民对于经济文化迅速发展的需要同经济文化发展的现实不能满足人民需要之间的矛盾。党的十一届三中全会以后，我们党指出了我国社会主义初级阶段主要矛盾是人民日益增长的物质文化生活需要同落后的社会生产力之间的矛盾。今天，我国发展进入了中国特色社会主义新时代，经过改革开放40年的快速发展，我国经济和社会发展总水平显著提升，主要社会经济指标在很多方面进入世界前列，从根本上改变了我国长期存在的短缺经济和供给不足的状况，“落后的社会生产”已经成为历史，人们物质文化生活水平显著提高，这就同时带来了对更加美好生活的向往。与此同时，人民群众的需要开始呈现多层次、多方面的变化特点，其领域和重心已经超出单纯物质文化的层次和范畴，只讲“日益增长的物质文化需要”已经不能真实反映人民变化的需求。同时，长期经济高速发展，使我国经济社会也出现了一些值得关注的重大问题，区域和人民收入之间到不平衡逐渐扩大，广大人民所期盼的教育、医疗和养老等问题解决并不充分。所以，党的十九大提出了新时代我国社会主要矛盾是人民日益增长的美好生活需要和不平衡不充分的发展之间的矛盾。根据主要矛盾的变化，就必须坚持以人民为中心的发展思想，不断促进人的全面发展，走全体人民共同富裕的道路。

我国社会主要矛盾的变化是关系党和国家工作全局的重大变化，其中对上层建筑领域的制度体制和机制的改革也由此引发出一系列新的思考与探索。改革必须紧扣新的社会主要矛盾这个主题来进行思考，改革必须坚持从全局的高度来进行思考，改革必须坚持从党和国家事业长远发展出发进行思考。这一系列思考的核心是需要我们通过全面深化改革，在继续推动发展的基础上，着力解决好发展不平衡不充分问题。我国发展的不平衡表现在多方面，主要是在区域不平衡上。改革试点要立足于解决发展不平衡问题，一方面从全方位、系统化视角，提出今后一段时期实施区域协调发展战略的主要任务，着力提升各层面各区域战略的联动性和全局性，增强区域发展的协同性和整体性；另一方面要抓住具有区域不平衡一般特点的地区进行试点，才可能探索出有推广价值的经验。不充分的问题体现在生产力上涉及面也很广，主要涉及资源的充分优化配置，我们目前存在的产能过剩、其实质就是资源的不合理配置形成的，它既导致生产力结构的错配，又压抑了潜在消费的释放。从体制机制分析，正是因为有些制度改革不到位而导致这种现象出现，改革试点就要从根本点着手。比如，由国务院部门向全国统一发布诸如战略性产业目录，就很容易在现体制下形成全国一窝蜂执行，这极易造成新一轮产能过剩。怎么办？通过试点可以对差别化引领进行摸索，但最根本的还是市场作用没有得到充分发挥，而这又源于市场信息的不对称，如果我们的部门不把自己凌驾于市场之上，总是想指挥企业干这干那，而是把精力放在建设市场信息公共服务平台上，也许企业会选择到更适合自己干的事。现在大家公认创新是引领发展的第一动力，创新能使各类资源得到最优化的配置。我国创新还是个短板，但是一提到创新，我们不论区域东、中、西，不论省情、市情、区情，不管企业大、中、小，一概提出瞄准世界科技前沿，强化前瞻性基础研究；提升产品科技含量，加强应用性研究；立足于做大做强，强化开发性研究。这本质上也不是一个实事求是的态度，改革就要瞄准这些形而上学的东西，在制度体制上进行试点。

2. 现代化经济体系建设的新要求

现代化经济体系的提出，丰富了我国社会主义市场经济的理论内容。将发展理论从主要研究在落后生产力和短缺经济条件下如何加快经济增长转化为在资本和商品供给充裕的条件下，研究如何推动高质量发展。将产业经济理论从建设现代产业体系的目标是建设现代农业基础、发达制造业和现代服务业，转化为突出各产业部门融合发展，创造性地从要素投入角度而不是部门分类的角度明确了未来产业体系建设的新目标。将现代经济增长理论从强调人力资本、知识资本和技术资本在增长中的作用，转化到研究要素协同作用，深入分析实体经济、科技创新、现代金融、人力资源之间的关系。那么，建设现代化经济体系建设对于改革有什么新要求呢？

相对于加快发展速度而言，更有注重坚持质量第一、效益优先。40 年我国经济持续快速增长，创造了举世瞩目的中国奇迹，也同时出现了一些突出的结构质量效益的问题。面对这样的情况，改革发展的主要任务就要适应经济发展阶段转向高质量发展的要求，从重视发展速度转向坚持结构调整、质量第一、效益优先，把提高供给体系质量作为主攻方向，通过提高经济质量和效益实现经济持续健康发展。

相对于供需求改革而言，更要注重深化供给侧结构性改革。长期以来，我们比较重视在发展经济中从需求侧发力，注重“三架马车”对经济的推动，这是一个国家在向中等收入发展的必然阶段。2017 年我国人均 GDP 已经接近 1 美元，进入了中等收入阶段，但与此同时，我们又出现了部分产能过剩、供给质量不高、科技含量较低、消费长尾特征出现、不平衡现象加剧等一系列重大问题。面对这些问题，继续在需求端发力，显然不能解决上述问题。从我国需求庞大且层级多的特点，我们既要继续重视需求侧改革，更要重视供给侧改革。2018 年 7 月中央全面深改委第三次会议提出了关于完善促进消费体制机制的问题。重点就是顺应居民消费新趋势，从供给和需求两方面发力，培育重点消费领域并且重视市场细分，着力打造让老百姓安全放心的消费环境。消费的基础是人民的消费能力，提高收入水平，引导合理消费，增强消费对经济发展的基础性作用。会议指出，“供给侧改革的内容十分丰富并且难度较大，包括推动产业优化升级，促进我国产业迈向全球价值链中高端；加快形成新动能，培育更多新增长点；改造提升传统动能，促进传统产业优化升级等”。[①] 而这些内容无一不与深化改革相关，这就为改革试点提出了新的课题。

相对于全面推动各种经济形态发展而言，更要注重加快建设实体

① 新华社北京 2018 年 7 月 6 日电。

经济、科技创新、现代金融、人力资源协同发展的产业体系。在全产业链条中，实体经济是本、是纲，我们一度脱离了发展实体经济的轨道，使虚拟经济自我循环并滋生着泡沫，开始积累着金融的系统性风险，改革和发展必须坚持实体经济优先发展，同时使科技创新在实体经济发展中的贡献份额不断提高，使现代金融服务实体经济的能力不断增强，使人力资源支撑实体经济发展的作用不断优化，提高实体经济从业者的社会地位、职业声誉、经济收益。

相对于重视宏观经济的调控作用而言，更要注重构建市场机制有效、微观主体有活力、宏观调控有度的经济体制。我们确立了市场在资源配置中要起到决定性作用的方向，那么改革的路径就必须进一步处理好政府和市场的关系。当前和今后一段时期，如何更好发挥政府作用应该是改革的重点，做到不缺位、不越位、不错位，建立和完善权力清单、负面清单和责任清单三大制度是改革的基本方向。把“放手”当作最大的“抓手”，政府对权力清单外的事务多做减法。“放手”而不“甩手”，为市场活动制定规范，纠正市场失灵，为市场发挥作用提供良好制度环境。

3. 实现国家治理体系和治理能力的现代化要求改革试点有新水平

国家治理体系和治理能力现代化的本质上是由“人治”向“法治”转变，由“经验型”向“制度型”转变，由少数人说了算向人民说了算转变，这是一个根本性的转变，从国情出发，这个转变需要有一个较长的过程。制度和体制改革试点属于国家治理体系的重要组成部分，也必须适应这个转变，必须提升到新的水平。以往的经济体制改革试点一般是从某个具体问题入手，这在当前仍然需要，但是，国家治理体系和治理能力现代化的内在要求，是从治理的机制出发进行改革。什么是治理？治理是多元化的管理，而管理是一元化的，我们需要处理好党的领导、人民当家做主和依法治国的关系，这既涉及很多基本到理论问题，又关系到具体的实践。我们不可能等到所有的理论都已经成型才行动，但也不能没有一点理论的准备就大规模地展开行动。这就需要通过改革试点来解决。

4. 处理好顶层设计与基层经验的关系需要改革试点的深化

我国改革的实践告诉我们，许多好的经验都来自基层，来自人民群众。当然，改革进入深水区后，涉及的矛盾和问题都更加复杂多变，需要加大顶层设计的力度。但如何处理好顶层设计和试点探索的关系，是下一步改革要把握的问题。彭森同志指出："正确处理两者关系当下最大的风险还是过于小心谨慎，地方不敢积极试点探索，这会丧失改革时机，付出机会成本。要建成一个成熟、完善的社会主义市场经济体系，我个人认为比较重要的还是如何理顺政府和市场的关系，如何理顺中央和地方的关系。"[①] 从这句话中我们能够体会到，当下改革的推进既需要顶层设计也需要地方的探索，而地方在没有理解好二者关系的前提下，地方是缺乏探索积极性的。

早在 2015 年，清华大学梅赐琪等对《人民日报》1992—2003 年的政策改革试点报道进行了研究，证实了以下结论：我国政策试点有自上而下的安排，也有自下而上的自发创新。从创新动因角度，中央的政策偏好在很大程度上决定了试点创新的方向。从创新过程角度，试点主要是自上而下发动，中央往往关注宏观层面而地方参与积极性

① 参见：《中国新闻周刊》第 861 期。

不高的领域发动试点，在一些领域，中央直接设计试点的主题和内容，但是自上而下的激励对地方的创新行为方向并不是唯一的。一方面，地方可以主动分析中央关注的政策问题，通过创新为上级寻找新的政策方案，并希望通过政策方案的成功获得上级的推广来赢得中央的关注。另一方面，地方会努力争取成为中央试点的执行者，这也可以通过试点更多地结合本地的实际情况，有助于使本地得到更好发展。除此之外，研究发现：部分省市存在更多自下而上的试点现象，从理论上挑战关于政策试点主要是由自上而下推动的判断。其主要原因是面临更多的现实政策问题，急需通过政策创新寻找答案。这一现象也可能说明自上而下推动政策试点的形式随着时间在发生变化，即部分省市因为在试点试验中取得成功，从而拥有了更多的中央赋予的自主探索试点方案的权力。①

个人认为，尽管今天的改革错综复杂，相互的关联度很高，需要顶层设计的全局和长远考虑，但基层的实践仍然是十分重要的。也正因为今天改革的特征，我们很难在顶层设计中做到完全正确，如果顶层出现问题，它所带来的就是全局性的问题。这更彰显了试点的积极意义。那么，今天改革试点的深化是什么含义呢？就是在顶层设计的指导下，积极鼓励地方结合实际情况敢作敢为、大胆探索。如果以顶层设计为前提，不鼓励地方的积极性和创造性，那么，改革付出的成本将是极高的。如果以顶层设计为由，对地方探索中的好做法视而不见，甚至进行打压，那就是错误的，必须坚决纠正。正如毛泽东同志所说，“我们的国家这样大，人口这样多，情况这样复杂，有中央和

---

① 梅赐琪:《公共行政评论》2015 年第 3 期。

地方两个积极性，比只有一个积极性好得多”。[①]

5. 建立中国特色经济体制改革理论体系的需要

我国改革的历史前所未有，而探求建立改革理论体系，加强对本国政策实践问题的学术总结，是体改工作者的使命所在。建立具有中国特色的改革理论体系，基于本土的经验实证研究依然是最基础的工作，因为只有来自实经验的知识积累，才能为探索出中国改革进程的特点和规律奠定最根本的基础，并在此基础上逐渐形成知识体系。也只有这种源于本国经验形成的理论才能在国际学术界体系中占有一席之地。我国经济体制转型是渐进累积性的，其中一系列的改革政策试点起着非常重要的作用，通过试点所产生了累积和扩散效应，也规避了体制转型过程的风险。试点在对一个个经实践检验后的运行过程进行选择中循序渐进推进改革的整体进程，在此同时，试点又根据不同领域对改革政策工具的要求不同，并随着改革的演变，也在不断调整自身的类型和方法。作为一种被实践所证明的正确的认识论和方法论工具，试点广泛用于我国多方面的改革实践中，只有在实践中通过试点并研究试点，才可以总结出中国制度转型历程经验和理论规律，从而能够为今后改革中的具体问题给予较为切实的理论指导。试点在改革中发挥的积极效应，使国家政策和制度变迁的创新性和稳定性得以有机地结合，从而推动改革的深入发展。

同时我们也注意到，不恰当的试点所造成的影响，会给改革带来负面的影响，使试点不仅得不到好的经验，反而引发出新的问题，形成改革的新障碍。特别是面对新时代全面深化改革的复杂挑战，改革

① 毛泽东文集(第 7 卷)[M]. 北京:人民出版社,1999:31.

试点会面临越来越艰巨的挑战，在做出相对应调整的同时，更需要及时认真丰富试点理念。

（四）新时代改革试点的新课题

随着我国社会主要矛盾的转化，改革试点工作要具有更全面、更具有前瞻性的设计，必须冲破纯经济范畴推动相关性强的综合试点。改革开放40年，我国经济社会取得的成就是突出的，但就像一个刚完成超级马拉松比赛的选手，必须进行相应的调整。今天我们既要面向“两个一百年”中华民族伟大复兴梦的实现，又必须解决现实中不断出现的各种问题，中国经济发展又一次到了攻坚期和十字路口。未来中国发展将面临一系列重大关系和重大新问题的处理，将考验着我国改革的方向与路径选择，也同样给改革试点提出了新课题。

1. 供给侧改革与创造新需求拉动的关系

“供给侧”重视市场要素的合理优化配置、更加关注每个细分市场消费诉求供给、促进发展结构优化；也同时开启了重视经济科学增长和可持续发展的改革方向。但是我国幅员辽阔加之区域发展不平衡等问题的存在，“需求拉动”的发展理念仍然不能忽视，广大欠发达的中西部和东北地区，仍然需要基础设施的大规模投资；消费的长尾特性，对传统产业还有相当大的消化能力。但是从长远分析，创新需求拉动是基本面，是问题的主要矛盾。我们要摒弃传统的“一刀切”或“矫枉过正”，但也要辩证地看待供需关系发展变化，改革试点要在去产能和新动能培育同时推进，发展的“推力”和“拉力”需要同时在兼用上下功夫。

2. 重大民生与财力分配的关系

我们已经进入中等收入，重大民生制度体系也已形成，既有利于全面贯彻内需增长，更有利于解决人民群众盼望已久的根本问题。从全民医疗、教育和养老看，我国目前的财力已经有能力建立这样的基本制度。财力支出结构必须进行调整，通过政府职能改革减少行政性支出，通过坚持预算硬约束杜绝随意性的、援助性支出等。集中财力2~3年建立一个基本制度，用一到两个五年规划基本形成我国三大全民保障制度，这具有全局意义和深远历史意义，是以人民为中心的具体体现，也是应对老龄化等一系列危机的有效措施。改革试点要选择部分与全国人均财力支出相当的省市，进行封闭式试点。

3. 国家财力与企业成本和企业转型的关系

从20世纪90年代开始，我国土地经济带来的联动利益链条，强力推动了劳工、生产和住房成本的大幅上涨，吸引了大量资源的集聚，也间接地全面蚕食了制造企业的利润。横向国际比较，我国企业经营成本和税负的压力都比较高，转型面临巨大难度。如何处理好这一关系，如何通过精确减税减负、整合产业链、降低各种成本，提升企业综合经营环境指数，真正给予民营企业在经营方面平等待遇，是未来一段时期改革试点应该关注的重点之一。

4. 城镇化与乡村振兴的关系

我国经济的快速发展支撑了城镇化的加速，数亿农民工进入城市，迅速提高了常住人口城镇化率。由于城市的现代化水平，使其对要素的集聚促进了资源的有效配置和集约化利用，并提升了消费水平的释放。但我国的人口已超过13亿人，不可能像西方发达国家那样，在较短的时期将城镇化率提高到80%~90%的水平。同时，我国的粮食安全问题也要求把农业放在重要的位置。这样，就带来了关于城镇和乡村发展的问题。我国的国情决定了我们的城乡关系是统筹关系，城乡道路是统筹道路。城市的现代化必须同时带动农村的现代化，工业现代化必须带动农业现代化。这对关系目前的主要矛盾在农村，如何在城乡统筹过程中使确保乡村振兴更加绿色环保、更加人性宜居、更加稳产高产等，是统筹这对关系的重点。按照主体功能区的要求，优化空间布局和发展载体将是改革试点中要解决的重要问题。同时要结合互联网、大数据、智能化及高铁网络形成的新形势，把握新的时空界限，使城镇建设与振兴乡村协调，在城乡统筹过程中逐渐缩小城乡差距。

5. 经济发展与环境污染的关系

由于发展方式的问题，使环境污染和经济发展的矛盾成为世界性难题，多年来，我们对环境的认识从“要金山银山，不要绿水青山”到“先金山银山，后绿水青山”，再到“要金山银山，也要绿水青山”最后认识到“绿水青山就是金山银山”。解决了认识问题，不一定就有坚定的行动。现实中，要发展就不可避免带来污染的观点还很有市场。环境污染给社会和人民生活带来巨大负面影响的现实任何人都不会反对，但将“绿水青山就是金山银山”的理念完全贯彻于经济发展中，前景并不令人乐观。所以，一方面要从实际出发，把传统产业对环境的污染坚决控制在国家排放标准之内，当然，需要从国情出发，也不要过分提高排放标准，这对企业会产生较大的影响；另一方面要顺应经济向高级形态发展的趋势，将新兴产业的发展与优美生态环境和休闲氛围有机结合起来，下决心控制住环境污染对经济的负面影响。发展循环经济、绿色制造、建设绿色生态工业园区等改革试点都是对这一矛盾得到有效解决的积极措施。

6. 试点与非试点的政策关系

改革试点受到诸多因素的影响，这些因素有居于主导地位、起着关键影响的因素，这些就是影响改革试点的深层次问题，或者说就是矛盾的主要方面。从我国国家治理的历史和现实分析，治理体系的基本逻辑是均衡治理，它指国家治理体系的结构和功能等方面，都必须不同程度地遵循均衡的要求，通过良好的制度体系来维持动态均衡，获得治理正绩效。均衡治理随着整个社会转型过程的推进，社会事务复杂性在增强，原有制度体系面临沉重压力，受到挑战，完全通过传统制度化的基本手段，难以应对各种问题和挑战；所以，现实的治理主体需要在制度要素外去摸索应对挑战的新治理机制和手段，这会形成改革试点与传统治理要件的摩擦。均衡治理是整体转型战略的要求，但中国国情决定了战略转型的渐进特征，既需要寻求新的应对机制，但又绝非从根本上改变现存基本制度和体制，可以说，均衡治理要求中国转型必须确保其有原则，保稳定，讲规范，但同时又要求具有灵活、创新和高效率特征，这势必形成改革试点与传统体制的摩擦。

7. 经济与科技高度结合的关系

今天的中国，已经从追赶规模型经济向创新动力型经济转变，追赶规模型经济是基于政府主导和大规模投资管理模式的充分运用，这种方式使我们很快走过发展的追赶期。但强势政府依靠行政管理的增长模式不能适应创新驱动的发展，因为创新型增长需要市场机制的作用，需要企业家精神的铸就，创新存在不确定性和风险性，行政管理模式不可能预知未来；创新需要具有竞争性特征的市场平台，从而为创新提供市场需求导向和应用转变为现实生产力的通道，并消化成本和分散失败风险；创新需要提供试错的过程，鼓励更多的创新进入者，也只有在大量创新者的竞争中，才可能激发成功者脱颖而出；创新必然冲击陈旧的东西，形成创造性破坏，以加速企业的技术进步和劳动力流动；创新需要完善创新驱动的生态环境，最本质、最核心就是建立统一开放、竞争有序的市场。

8. 产业政策与竞争政策的关系

我们一直把国家产业政策作为经济管理的重要内容。如果回到经济体制转轨初期对产业政策评估，得失兼有。以产业政策的方式使刚性的计划管理退出历史舞台；在实行产业政策的同时，我们还通过企业的兼并破产、提质增效、完善社会保障制度等全面改善企业发展环境。但产业政策又同时带来了一定程度的行政性垄断和市场分割，很多复杂的历史原因使所有制的歧视时而回潮，市场主体的不平等现象始终存在。产业发展在不同时期需要产业政策和竞争政策，在进入创新驱动发展阶段，政府已经没有信息优势，最需要的是有效的市场竞争，同时产业政策抑制竞争的负面效应已经成为增长动力转型的障碍。当前，要把竞争政策放在基础地位，历史地分析产业政策的作用和影响。我们需要什么样的产业政策？中国幅员辽阔，中央政府发布具体的产业政策，很容易形成“一哄而上”的局面。中国经济从高速发展迈入中高速发展的新常态，同时全球经济环境也处于前所未有的重大变化中，经济多元化和全球一体化与美国贸易单边主义并存，我国经济的动力机制必须应对这种复杂局面进行深度调整，调整的核心就是把动力的基础建立在创新驱动上。在双重变化情况下，我国产业政策该如何制定？如何促进创新？如何避免“一哄而上”局面的再一次出现？如何与产业高质量发展相匹配？从而最有效地推动产业高质量发展，是我们必须认真面对的。

9. 关于公共服务业与城市化关系

我国各类产业以及消费在城市加速集聚，城市化已经成为中国现代化的重要标志。走过快速发展阶段，中国城市化正呈现多个特点，包括整体速度放缓，人口向都市圈和特大城市区域集中，服务业发展速度明显加快，交通基础设施的创新和发展正在改变城市空间格局，区域战略和市场力量迫使资源在都市圈和城市群中再配置等。城市化发展路径的本身是不断变化和扬弃的过程，在不断实现自身发展的同时也在不断克服城市化的弊端。过去我国城市化的发展路径是人跟着产业走，城市化发展模式是“房地产＋园区＋基础设施”，这正是今天形成的“土地城镇化”根源所在。未来城市化的发展，其路径将是以人为中心，产业和资本会紧跟着人才，而人才又将非常看重城市公共服务水平和良好的生态环境，那么，城市发展模式就会演变为“公共服务业＋街区＋机场/高铁＋基础设施”。

公共服务业是产业，产业在空间上的分布应该放到有机的城市整体中看。从协同发展角度，基于不同经济和交通条件下，人口的空间流动、产业的空间变迁才是重塑城市和城市群空间的关键力量，在城市群协同发展过程中，疏解中心城市过度集中的职能。而政府直接主导的应该是公共服务业，如教育、医疗以及部分养老等；间接主导的是有着公共服务特性的服务业，如大型交通枢纽、部分生产型和生活型服务业等；其余产业发展应该让市场发挥主导作用。新城新区要构建以人的活动和服务业发展为根基的城市发展模式。需要关注突破产业生长周期与政府任期制关系处理，公共服务业需要长周期培育，一届政府五年，很容易产生前人栽树后人摘果的思想；需要关注区分基本公共服务与配给制的差别，教育、医疗的基本公共服务应该是相对较低标准、守住底线的，而不是延续配给制；需要关注发展基本公共服务的财政补贴，要使财政税收体制与公共服务发展需求相适应。公共服务是决定城市化与城市群一体化成败的重要因素，城市政府需要在发展中因势利导地提供所需的公共服务与社会治理，按照权力清单和责任清单，催生良好的公共管理，让市场经济奠定繁荣崛起的基础，做“有效有为”政府，促进城市繁荣。

党的十八大以来，党中央针对上述问题出台了一系列新战略，通过创新驱动推进供给侧结构性改革深入；通过逐渐提高全民医疗保障、普及九年制义务教育和多种养老方式，努力提升人民群众的幸福感；通过税制改革和清理各种收费，降低实体经济的各种负担；通过新型城镇化和美丽乡村建设，解决城乡不平衡与农民市民化问题；通过“三大战役”着力解决生态环境保护问题。通过多种改革试点方式的来努力探索改革创新与均衡治理的矛盾。

（五）全面深化改革需要探索改革试点新方法

我国改革历程表明，基于国家资源、经济、社会、制度、文化、历史等现实，我们只能走渐进式改革道路，而先试点后推广正是这条道路的工作方法，多年的实践证明，在我们这么大的国度，不经过试点就全面推开的改革，为数极少；而正是通过先试点后推广，才能使改革的摸索其可能产生的负面影响，把握在可控范围内，从而最大限度地降低改革成本并获取更大的经济社会效益。全面深化改革更需要从方法论的角度积极探索，以适应新形势的需要。美国经济学家萨缪尔森就经济领域中的复杂现象提出了实验的观点，他说，“经济领域是极其复杂的，其中有千百万人口和企业，千百种价格和行业，在这种环境下探讨经济规律的一种可能方式是借助于控制下的实验”。“控制下的实验是指除所研究的对象外所有其他事物均保持不变的实验”。[①] 从这样的意义上看，我国经济体制改革试点，可以称作一种试验的方法，这种方法划定范围或某个领域、授予一定权利，通过一些改革的新方法来获取示范效益。

改革方法的选择从属于改革战略定位，如我国改革开放初期，由于经验的缺乏，试点的基本意义在于确认其推广价值以及试点经验的推广范围。最典型的案例就是我国改革之初的联产承包责任制，安徽试点经验在取得明显效益后，就在全国范围广泛推广，拉开了农村改革的序幕，在农业上产生了巨大的社会经济效益，也确定了试点方法的正确性。那时，试点的基本功能体现在降低改革不确定性风险、节约改革成本、进行改革理论创新。但在今天，随着改革的全面深化，改革对象的变化，改革面临的特征是：政府机构改革由对别人改革变为对自我改革；城市经济体系由相对简单，相关因素少变为经济体系复杂、经济变量多、相关因素面广；各地区、各部门的发展由相对协调与均衡变为相对不协调、不均衡，且各方面的环境条件差异大。在这种背景下，试点经验在全国推广容易失灵，而试点寓于局部，其推广应用又可能存在相互抵触现象，产生摩擦降低效用。这样，在总体上就可能使试点出现较大的不稳定性和不完全性。但从方法论的角度，试点在今后的经济体制改革中并没有失去生命力，仍是不可或缺的重要改革方法，但更要求我们努力探索一些更加切合实际的新的改革方法。

从当今中国的情况出发，渐进均衡性治理是否能为推动复杂改革

① ［美］保罗·A. 萨缪尔森，威廉·D. 诺德豪斯. 经济学·上卷（第12版）［M］. 北京：中国发展出版社，1992：11－12.

进程提供一个有效的方法？面对多方面的改革挑战，改革方法需要调整，但同时国家改革也需要保持整个体制的相对稳定性和协调性，这样，渐进稳定性就可以成为一个重要策略，它应该有两大特点：一是使国家的治理体系保证基本面稳固；二是兼具有自我更新、开拓和完善的能力。国家治理行为始终都存在对于均衡性的追求，但是，改革从某种程度上又必须打破静态的均衡，去探索新的更有效率的治理实践。这一过程正是改革试点的关键功能所在，也是改革试点在国家治理框架中的逻辑归宿。因为试点既构成了现行政策程序之外的政策创新，但又具有与常规政策的平滑对接；试点既将治理结构的均衡过程基本置于稳固的基础上，但又同时开启了渐进式的改革进程，所以，这一切都在掌控之中。毫无疑问，社会转型过程存在不确定性，并有相应风险，而改革试点是立足于现有体制，在新旧体制之间科学地安排了缓冲期，以降低转型过程中的种种震荡，使旧向新的转换成为一个渐进过程。渐进均衡性治理下的改革试点，实质上是在现体制内创造出充满活力的制度生源地，使经济社会转型和改革开放进程在保持稳步的同时又具有创新性。

试点是我国在长期的改革开放中摸索出的用于制度创新平台，它使改革在并不完全符合经典理论政策框架下仍然具有制度创新的探索能力，这种国家创新能力来自反复试点所积累的经验。将试点控制在局部范围，既能有效控制制度变更所可能引发的风险，又能从中发现重要的新制度产生源，改革试点以其显著正能效应而由此奠定了自身在国家治理转型实践中的重要地位，也逐渐成为我国经济体制改革中不可或缺的重要方法。

二、精准对试点项目的选择

我国的试点工作由来已久，特别是改革进入深水区，试点已经成为改革不可或缺的重要组成部分。从单项试点到综合配套，从城市试点到区域试点，近20多年来几乎没有间断过。党的十八大以后，改革试点更是频频出台，从总体上看，这些试点都是及时和必要的，但是从试点的精准性角度，有必要深入开展一些工作。

（一）全面梳理

在2018年3月召开的中央深改委第一次会议上，着重强调了深化党和国家机构改革的关键是转变优化职责，特别强调要解决多头分散的问题，条块分割的问题以及上推下不动等问题。正因为存在这样的一些问题，所以就提出在转变优化职责上必须出硬招，不是改头换面，必须脱胎换骨，以确保中央令行禁止。这说明现实中的改革的确存在很多这类现象。从改革试点分析，综观21世纪以来的试点，所涉及的领域已经相当宽泛，既有从顶层设计角度考虑的典型性试点，也有地方特色要求的试点，还有领导发指示形成的试点，有些甚至是省主要领导的要求安排的试点。从各个方面提出要求有其合理的成分，但也难免出现多头分散的情况。所以，对现有的各类改革试点进行全面梳理是必要的。按照全面深化改革的要求，分重点、分层次、分内容形成与时代改革要求相适应的试点格局。

（二）统筹安排

进入改革深水区，一个不容置疑的问题就是坚定不移地推进改革深化，诚如邓小平当年所说，不改革只有死路一条。但在深水区，改革试点要把握的重要问题是如何处理好各方面改革试点的相互关系。比如在机构改革问题上，中央深改委第一次会议就提出了要求，既要通过机构改革来推进各领域改革，而推进各领域改革中又要进一步优化机构职责配置，以确保各项改革任务协同推进。改革进入深水区，面临繁重任务和复杂的形势，必须牵住改革“牛鼻子”才能起到“纲举目张”的作用，机构改革无疑是新阶段全面深化改革的“牛鼻子”。当下部分地方的确存在借口“保持高度一致”和“按顶层设计办事”，而过于小心谨慎，不敢积极试点探索，不从自己的实际情况出发大胆探索，这必然会丧失改革时机，付出高昂的机会成本。所以，改革试点一方面要积极在面上指导改革试点工作，如国家发改委在 2018 年 5 月对 12 个国家综合配套改革试验区下达的试点重点任务，就是一个很好的范例；由于试验区横跨东中西部，区情有很大的差别，所以从新时代新要求和统筹指导上给予方向性的引导，既指明了方向，又没有捆住地方自主探索的手脚。另一方面又要创造条件积极鼓励地方大胆选题推进试点工作。

（三）精心指导

全面改革进入深水区后，各领域的改革基本上都成为难啃的骨头。正因为这样，所以在改革试点的实践中，需要充分尊重地方的创造精神，鼓励地方因地制宜地大胆进行改革探索，同时中央也需要加大指导力度，对影响未来发展的全局性、关键性改革进行顶层设计，对改革的全局思路和整体规划提出明确的要求。对地方在试点中狭隘地从地方、部门和行业利益出发的行为，要进行制约，使改革试点顺利推进。由于经济社会积累的深层次矛盾和问题，如教育、医疗和养老等重大改革已超出基层和底层解决的能力范围，但在某些局部领域，地方也可能摸索出有益的经验，要及时发现这些成功的经验。例如，国家发改委2018年5月及时向246个城镇下达了新型城镇化综合试点的经验，就是一个很好的做法。这些经验鲜活具体，对各地有效地推动新型城镇化有强的指导借鉴意义。

专栏3－1　第一批国家新型城镇化综合试点经验（部分）①

为落实党中央、国务院印发的《国家新型城镇化规划（2014—2020年）》，2014年起国家发展改革委会同有关部门分三批将246个城市（镇）列为国家新型城镇化综合试点。2017年底，第一批试点的62个市镇试点任务基本完成，取得了阶段性成果。为了发挥试点的积极效应，国家发改委对其试点中形成的成熟经验进行了总结推广，主要在以下几个方面。

一、加快农业转移人口市民化

持续降低大城市、特大城市和超大城市落户门槛。对安徽省合肥市放宽主城区落户条件，广东省东莞市取消积分落户制度，重庆市不设落户指标控制、不搞积分排队等经验进行推广。

探索大学生在特大城市和超大城市零门槛落户。对陕西省西安市允许在校大学生完成在线落户，四川省成都市、湖北省武汉市将大学生落户年龄放宽等经验进行推广。

探索在特大城市和超大城市不同区域差异化落户。对重庆市、山东省青岛市建立梯次落户条件，四川省成都市优化积分落户结构等经验进行推广。

允许租赁房屋的常住人口在城市公共户口落户。对广东省广州市等城市设立城市公共集体户口，解决有落户意愿但无住所人群的落户等经验进行推广。

---

① 2018年5月23日国家发展改革委办公厅文件。

深化“人钱挂钩、钱随人走”。对山东省青岛市加大对吸纳农业转移人口较多且财力较差辖区的财政转移支付力度，广东省惠州市建立基本公共服务专项统筹资金等经验进行推广。

深化“人地挂钩、以人定地”。对重庆市以人定地编规划、地随人走调规划、人口落户下计划，安徽省滁州市依据土地利用计划和落户人口净增数量安排城镇新增建设用地等经验进行推广。

改善农业转移人口随迁子女教育。对浙江省义乌市实施居住证与入学挂钩的义务教育政策，福建省晋江市、河南省新郑市对随迁子女实行普通高中教育免费，广东省东莞市设立民办教育专项资金，湖北省仙桃市探索校企合作办学等经验进行推广。

保障农业转移人口住房需求。对重庆市2011年就建设公租房制度，河南省禹州市为农业转移人口提供保障房，湖北省宜城市为农业转移人口及其他外来务工人员、新就业职工提供公租房，安徽省芜湖市允许农业转移人口缴存住房公积金，山东省德州市向自愿退出宅基地的农业转移人口发放“房票”，允许其凭“房票”进城购房等经验进行推广。

二、深化农村产权制度改革

明晰农村各类资产权属。对贵州省安顺市推进农村土地承包经营权、林权等“七权”同确，安徽省天长市推进股份合作制改革并成立股份经济合作社，山东省德州市发放农村集体经济组织成员备案证，保障进城农民的“三权”的合法继承权，湖北省宜城市建立农村集体经济组织成员备案制度，允许进城农民保留集体经济组织成员身份等经验进行推广。

建立统一规范的农村产权流转市场。对辽宁省海城市组建农村综合产权交易中心，陕西省西安市高陵区在网络平台上交易土地承包经营权，重庆市建立健全地票制度，浙江省义乌市建立集地券制度，安徽省六安市金寨县探索宅基地复垦腾退建设用地指标在省内有偿使用等经验进行推广。

用好用活农村集体经营性建设用地。对重庆市大足区推进农村集体经营性建设用地就地入市，北京市通州区宋庄镇在农村集体建设用地上建设租赁住房，台湖镇将村级工业大院土地统一还耕，引导各村以建设用地使用权入股联合成立镇级土地联营公司，与投资方共同组建项目公司等经验进行推广。

完善农民宅基地和农房政策。对四川省泸州市泸县允许村民在县域内跨区申请宅基地，以竞价等方式有偿取得，新疆维吾尔自治区伊犁州伊宁市初次分配宅基地实行成本价取得，安徽省六安市金寨县对超标准占用的宅基地按累进方式收取有偿使用费，湖北省宜城市按宅基地等级划分收费标准，对超出标准部分征收有偿使用费等经验进行推广。

探索农民合法性权益自愿有偿退出。对重庆市巴南区探索农户自愿有偿退出宅基地使用权、林权等“四权”，安徽省六安市金寨县引导贫困户、移民户和居住条件差的农户，自愿有偿退出宅基地并异地搬迁等经验进行推广。

三、健全城镇化投融资机制

防范化解地方政府债务风险。对浙江省义乌市把存量一类债务全部置换为地方政府债券，并分一般公共预算和政府性基金预算纳入全口径预算管理，山东省青岛市建立规范化政府举债管理机制，广西壮族自治区柳州市建立债务风险识别预警机制，贵州省黔南州都匀市制定与还债能力和可用财力增量相适应的政府举债规划，设立偿债准备金等经验进行推广。

推动地方国企更好地服务于城镇化。对山东省青岛市整合优质资产组建3A级综合性国有投资公司，天津市蓟州区整合房地产管理局、水务局以及各园区下属企业国有资产和行政事业单位优质资产，组建蓟州城投公司，并授予基础设施特许经营权，河南省新郑市以股权划转、资产注入等方式为国有投融资公司注入优质经营性资产等经验进行推广。

合理设立城镇化政府引导基金。对海南省政府与国家开发银行金融公司合作设立特色产业小镇基金，山东省青岛市设立城市发展基金，广西壮族自治区柳州市设立政府投资引导基金，以此带动金融机构和社会资本进入等经验进行推广。

促进实体经济与金融联动发展。对山东省德州市组建政策性融资担保平台，引导各种资本向实体企业倾斜，湖南省浏阳市为花炮产业量身打造融资产品，贵州省黔南州都匀市引入上海股权交易中心，挂牌都匀市孵化基地，河北省石家庄市与金融机构签订小微企业贷款风险补偿业务合作协议等经验进行推广。

四、加快引导城市要素下乡

引导工商资本下乡。对浙江省义乌市鼓励国企投资建设美丽乡村，引导村民入股并参与经营，吉林省吉林市昌邑区孤店子镇大荒地村依托东福公司流转土地，实行全程机械化耕种，湖北省武汉市利用农村综合产权交易所网站发布闲置农房，引导工商资本以租赁或合作等方式发展农家乐等休闲旅游农业，四川省成都市郫都区红光镇引入多利农业公司，与国家开发银行金融公司共同打造多利市民农庄项目，利用流转农用地供应有机农产品等经验进行推广。

拓展农村融资渠道。对黑龙江省齐齐哈尔市推行土地承包经营权、农村集体资源使用权等“四权”抵押，福建省仙游市探索“农地+农户+合作社+征信”的担保融资模式，宁夏回族自治区固原市利用邮储银行小额贷款进行金融扶贫，河南省兰考县为农户提供小额扶贫贴息贷款等经验进行推广。

搭建科技人才下乡平台。对上海市金山区枫泾镇联合江浙沪皖农科院专家，依托上海农村产权交易所平台打造长三角农创路演中心，使农业专家的科研成果转化为实践成果的经验进行推广。

五、改革创新行政管理体制

推进市辖经济功能区和行政区合署办公。对湖北省武汉市推进经济技术开发区和汉南区融合发展，吉林省长春市奢岭镇、卡伦镇、合隆镇建立一套机构、两块牌子、镇区一体的行政管理新模式，甘肃省金昌市永昌县河西堡镇与河西堡化工循环经济产业园区实行“区政合一”等经验进行推广。

推动机构精简和职能相近部门合并。对浙江省温州市苍南县龙港镇打破条条对口，重新组建大部门，吉林省延边州安图县二道白河镇将分散在各部门的相近职能合并，推行一部多责、一人多用的行政管理新模式，山东省青岛市减少建制镇，适当增加街道，进一步简化新镇街组织机构等经验进行推广。

优化经济发达镇行政管理体制。对吉林省延边州延吉市以授权或委托的方式，将多项行政审批许可和处罚权下放到镇，浙江省温州市苍南县将县级管理权限下放龙港镇，浙江省宁波市设立镇级独立金库，湖北省仙桃市在彭场镇建立镇级独立财政体制等经验进行推广。

深化行政审批“最多跑一次”改革。对四川省泸州市设置综合政务服务窗口，分类推行政务服务事项“一窗受理”，行政许可事项“一章办结”，浙江省宁波市、嘉兴市、义乌市全面优化政务办事流程，实现高频事项“就近能办、同城通办、异地可办”，让群众办事从“就近跑一次”等经验进行推广。

国家发改委明确提出，在第一批试点任务基本完成的前提下，后续试点要继续围绕人往哪里去、地从何处来、钱从哪里出的逻辑，学习典型经验，结合本地实际情况，将适用性好经验加以应用，按照试点任务要求，先行先试，蹚出新路子，确保试点任务如期完成。

（四）紧扣时代重大问题

改革开放40年，我们取得了重大成就也积累了不少问题，很多问题是长时间积累下来的，不可能都在短时间内得到根本解决。从党的十九届三中全会到中央深改委第一次会议，对我们进入新时代的全面深化改革重点和“路线图”，以及应该怎么干的路径已经越来越清晰。路线图的核心是什么？就是时代的重大问题，就是我们所面临的新的主要矛盾，即如何在改革发展中，处理好人民对美好生活的需要和不平衡不充分发展的问题。在这对矛盾中，解决不平衡不充分是矛盾的因，而满足人民美好生活需要是果。改革开放也好，发展经济也好，我们都不能忘记其根本目的究竟是什么。我们常犯的错误是把发展经济这个手段当成了目的，片面追求经济增长，却忘了发展经济究竟是为了什么。这就是典型的“为发展经济而发展经济”。解决这个问题，真不是个简单的认识问题，因为导致这种现象的出现是一系列行为的结果。比如，我们应该提拔什么样的人，往往就是看他（她）在位期间的政绩，而政绩又集中在发展成果上，发展成果又集中在经济发展上。于是就导向了“为经济发展而发展”的普遍行为出现。从这个案例看，经济体制改革已经超出了其经济的范畴。同样，“立体化”的改革试点就要梳理关键重点问题来纠正把因果倒置的行为。江阴市进行的集成改革基本上是走了这样的路线，改革试点就可以按照集成的思路来考虑着手解决发展中的一些重大问题。诸如前文谈及的全民教育、全民医疗和全民养老等都可以按照这种思路来进行试点，成熟的经验就推广，一个堡垒一个堡垒地攻破，惠及全中国人民的全民教育、全民医疗和全民养老的目的就一定能够实现。

案例分析 3－1　江阴如何进行集成改革试点

当改革进入深水区，“摸着石头过河”就非常困难，因为面对复杂而多元的诉求，需要改革思想和方法系统化、体系化和集成化。这就需要全面加强深化改革开放各项措施的系统集成。推进改革要树立系统思想，推动有条件的地方和领域实现改革举措集成。这一思想具有三大要素，即试点、地方基层和系统集成。来自地方基层的系统集成改革试点，已成为重要的改革方法和路径选择。

改革的主要做法。江阴是我国经济发展走在前沿的地区，改革所面临的复杂问题也就自然会先期而至。2018 年 7 月，江苏省下发了江阴市县级集成改革试点总体方案，这样，江阴成为全国最早的县级集成改革试点。《方案》明确试点过程中可以通用所有其他省级改革试点政策，这就为改革的全方位推进奠定了坚实的基础。很快，江阴市的集成改革由单纯的行政管理体制改革全面转向七大领域协同并进改革，系统出台了集成改革方案，包括各大领域专项改革方案、工作推进机制和改革宣传工作方案。

他们的具体做法有六大方面：一是充分向下授权，依法赋予镇街部分县级经济社会管理权限 890 项、开发区全链审批清单 163 项。二是重建组织架构，本着精简又不影响管理要求原则，将镇街职能机构精简了 2/3，开发区的机构精简了 1/2；并建成市级综合性很强的“三局两中心”，镇街“三大平台”；创新建立网格化管理体系，把全市域划分为一级网格、二级网格和三级网格，强化了管理的精准性。三是部门全面赋能，抓住行政审批这个权利的顽疾，组建行政审批局，将市场准入、项目建设、权证办理等实行集中审批，划转发改、经信、公安、民政、住建、市场监管等部门 69 项权力事项和相关人员，全面推行“网上办、集中批、联合审、区域评、代办制、不见面”，基本实现企业注册、不动产登记、工业建设项目施工许可审批服务目标。四是融合条块管理，市级按大部门制职能建成综合执法队伍，镇街全部实现一支队伍综合执法。五是权责监一条线，实行“联权联管”。厘清市场监管、业务审批和行业主管部门权责边界，推动部门和镇街按“双随机一公开”加强事中事后监管。六是推进信息共享，打破部门业务数据的分割，建成市级大数据中心，实现全市基础信息数据的互联互通。

在集成改革中始终坚持突出“四条主线”。集成改革的核心不仅是应对当前亟须解决的突出矛盾问题，还必须始终围绕解决制约长远发展的根本性问题。从这样的意义出发，江阴的集成改革始终坚持突出了“四条主线”。坚持提升政府服务效能，以行政管理体制改革为先。充分发挥江阴民营经济发达、市场化程度高等优势，全面推动教育、医疗、养老、公用事业、国资国企、资源价格等领域市场化改革。这是抓住了我国改革开放以来一直纠结的“两只手”这一关键，体现了正确处理充分发挥市场在资源配置中起决定性作用和充分发挥政府智能作用的关系。坚持环境优先，打造良好的生态环境。结合江阴“中国制造业第一县”产业特征和环境容量承载力约束，以污水、大气、固废、土壤为重点构建监测、管理、治理一体化解决方案，以资源性产品差别化价费改革为杠杆撬动企业转型升级。这是抓住了我国改革开放以来，在环境和发展两大问题上的纠结，体现了“绿水青山就是金山银山”的理念。坚持增强县域发展领航力，放大做优开发开放功能。不断强化江阴多年领跑我国县域发展的优势基础能力，大力发展战略性新兴产业，创新探索科技管理服务；不断放大开放开发功能，利用一切可以利用的力量，高质量发展经济，优化提升基本公共服务水平。这是抓住了我国改革开放以来，部分地区注重短期利益，忽略长期可持续发展的要害，通过更高水平的开发开放来不断地增强实力，提升质量，保持可持续发展。坚持统筹城乡，着眼城乡一体发展。江阴在发展过程中，城镇互融的特点十分突出，为统筹城乡创造了极好的条件。他们从实际出发，在加强规划布局的时候，以理顺农村产权为核心，加速推进城镇化进程，满足了城乡统筹的要求，也满足了人民群众对美好生活的期待。这是抓住了我国改革开放以来，城乡差距逐渐扩大这个巨大问题，通过集成改革，更好地解决城乡统筹这个大难题。

在集成改革确保三大措施到位落地。集成改革的最终还是要落到执行上，江阴把落实落细作为贯彻改革决策部署的根本保证，从改革工作的综合性和复杂性出发，围绕改革工作的关键环节和核心要素，提出三大措施确保改革到位。一是围绕提升改革方案质量，突出调查研究、方案论证、部门党组织讨论、分级审议制度，确保吃透上情摸清下情搞好结合，确保公众参与避免部门“自说自唱”，确保发挥党组织总览全局协调各方的组织领导作用。二是围绕压实改革责任，突出“改革抓一把手、一把手抓改革”，建立责任制，以项目为抓手，通过公众参与和督察督办，将管理明细的台账，并强化了限时办结、信息发布、智库支持等一系列制度，形成责任明确、推进有序的工作格局。三是围绕取得改革实效，明确任务销号、第三方评估、绩效考核、总结宣传制度，实现成效评判与单位、个人利益挂钩的正向激励。

从江阴集成改革中认识到什么？超越当下之需看改革，立足于全面深化改革的宏大背景，放眼“两个一百年”的奋斗目标，健全完善便捷高效的政务服务体系、科学到边的基层治理体系、精准有力的社会救助体系、温馨周到的生活服务体系等县域治理的要求，持续提升治理体系和治理能力现代化水平。超越一事之求谋改革，坚持系统性、整体性、协同性，全力推动行政管理体制、经济体制、生态文明体制、开发开放体制、城乡发展一体化体制、社会事业体制、党的建设制度等领域、356项改革任务的合围攻坚，全面打响集成改革品牌，为江阴奠定勇当新时代高质量发展领跑者集聚新动能、构筑新优势打下坚实的基础。超越狭隘之念促改革，跳出江阴看改革、刀刃向内抓改革，推动改革工作模板化建设、改革流程标准化打造，加快将点上的经验迅速转变为面上的制度，形成集成改革的“样本”、治理体系的“标准”，为全省、全国改革发展当好了先锋、探出了新路、做出了示范。

三、调动对试点工作的积极性

（一）在一定条件下，授予完全充分的试点权限

2018 年 7 月中央深改委第三次会议在充分授权地方改革上做出了表率。雄安新区的改革自主权正是我国当前改革中的一块硬骨头、大难题，如作为经济社会发展新动力的创新发展，作为体现政府在城市管理上的城市治理能力，各级政府应该做而做得并不好的公共服务等。中央希望雄安新区能通过先行先试率先突破，也为构建符合高质量发展要求和未来发展方向的制度体系奠定良好的基础。如果雄安新区能够在这些方面取得综合性的突破，那么，就完全可能打造出推动高质量发展的全国样板。

改革试点其实可以作为地方自主权的扩展路径。我国总体上实施的是中央集权和地方自治相结合的模式，纵观世界各国政治实践的历史与现状，存在一定的趋同性，即地方自主性得到普遍提高，中央权力在适当调整，加强和提高地方自主性并保障地方自主权成为世界的发展趋势。但中国有人口众多的特殊国情，处理好中央和地方的关系，充分调动地方的积极性、主动性和创造性是社会主义现代化建设的一个不可回避的重大问题。习近平总书记指出，“必须鼓励和允许不同地方进行差别化探索，重视基层探索创新”[①]，这正是中央从国家战略高度确立了地方的自主改革探索权，这将极大地促进地方在努力试点和积极探索上，更加充分地发挥主动性。而作为我国改革和地方自主探索的试点，也是地方治理自主拓展发展空间的主要方法。

---

① 习近平在 2015 年 10 月在中央全面深化改革领导小组第十七次会议上的讲话。

邓小平同志在改革开放之初就提出过，在全国有统一的改革方案前，可以先从一个地区、一个行业逐步做起，然后再逐步推开。他还要求中央鼓励这种试验，及时发现和克服出现的矛盾和问题。而著名的“摸着石头过河”论断，本质就是通过试验来规避改革的风险，来探索改革的成功路径，凸显了改革试点的极端重要性。回溯40年的改革历史，我们一直都按照从方案试点再到评估推广的方法在推进改革的进程。如果从历史上看，我们进行的试点内容涉及很多领域，截至2018年6月，从1950年到2018年共收集到近300万个，涉及经济社会诸多领域，这说明试点已经成为比较普遍的现象，成为我国经济和社会发展的常态。[①] 伴随着改革的深入和利益主体多元化，深层的矛盾和问题凸显。而通过试点，地方成为实验的平台，获得了自主权，在事实上拓展了治理的自主空间，提高了自主治理的能力。中央批准的试点，通过对地方还权赋能，赋予并增强了地方自我治理的能力，提高了治理的自主性，有效地扩大了地方的治理空间，显著提高了治理的能力。

案例分析3－2　浦东新区创新“六个双”政府监管机制

根据《国务院关于印发全面深化中国（上海）自由贸易试验区改革开放方案的通知》精神，新区紧紧围绕李克强总理提出的“监管要在创新方式、科学有效上下功夫”工作要求，以建立规范市场主体行为为重点的准入后全过程监管体系为目标，在国务院部署的“双告知”“双随机”和“双公示”工作基础上，初步建立了以告知、反馈、跟踪、随机、评估、公示为主要内容的“六个双”政府综合监管机制，这

① 通过“CNKI”检索“试点”一词获得。

样，就使政府的服务和监管在新区经济领域实现全覆盖，在市场的全链条实现了事中事后的全贯通，在探索构建政府综合监管体系上，在市场主体行为生命全周期进行了跟踪。

双告知指市场监管部门，在办理市场主体登记注册时，既要告知申请人依法应当办理的许可证，又要将市场主体登记注册信息实时告知相关审批部门；双反馈指审批部门，在收到市场主体登记注册信息后，既要将接收情况反馈给市场监管部门，又要在为市场主体办结有关许可后将信息反馈给市场监管部门；双跟踪指许可证审批部门，在收到市场监管部门推送告知的市场主体登记注册信息后，既要在市场主体办理完毕有关许可证前跟踪其办理情况，又要在办理完许可证后对其跟踪行业监管；双随机指监管部门既要随机抽取检查对象，又要随机选派检查人员随机检查确定；双评估指既要针对群众高度关注、与群众切身利益紧密相关的产品进行评估，又要针对监管发现的普遍性问题进行评估；双公示指行政许可信息和行政处罚等监管信息在规定时间内上网公示。

如何保证监管机制落地生效，是机制创新的关键。他们的主要做法是在明确总体目标、厘清机制内涵，实现全行业覆盖、全链条贯通、全周期跟踪方面全面实施“三个着力”。一是着力推进先行先试，实现全行业覆盖。按照点上突破、面上推广的原则，在食品经营、互联网上网服务、公共场所卫生等六个与群众切身利益相关的行业率先开展“六个双”监管机制创新试点。在实践探索中，逐步探索明确“六个双”机制定义、流程、具体环节等要素的统一规范、标准，形成《“六个双”监管机制操作规程》，并在全区逐步推广。推进过程中，加强对职能部门逐一走访，对职能部门相关人员进行业务培训，加快“六个双”工作全面推进。目前“六个双”监管机制已在监管部门实现了全覆盖，在全行业推广应用。二是着力推进信息共享，实现全链条贯通。按照实现浦东新区政务信息“全域共享”的要求，新区逐步推进各部门的审批、检查和处罚等政务信息共享，形成《信息共享标准规程》。

"政务云"体系按照动态方式归集各个事项，实现了数据的积累，为大数据管理奠定了坚实的基础。综合监管平台的建立，"六个双"政府综合监管统一门户的形成，实现了多功能模块的数据交换和智能导航化，推进了监管机制全链条的有效贯通。在先行先试行业实现平台闭环运行，登记注册、许可审批、综合执法、信息公示等初步衔接协同后，开始进行全域推广。三是着力推进协同联动，实现全周期跟踪。信息共享为推进审批、监管和执法部门协同联动奠定了良好的基础，新区以行业监管为单元探索跨部门的协同监管；同时强化检查和处罚结果综合运用，形成《企业信用评估指标体系》，为市场主体"信用评估"明确了标准。到2018年，新区运用信息化手段已经对30万家企业信用状况进行了信用评估，并将评估结果实时推送至事中事后综合监管平台，为各部门实现分类监管和重点检查等提供了有力依据。还制定了《守信联合激励失信联合惩戒实施意见》，为各部门对重点领域实施联动惩戒创造了条件。

创新取得了较好的实践效果。"六个双"政府综合监管机制的探索，更好地支撑了新区放得更开、更活，维护了市场环境公平公正，提升了政府监管效能。①通过管得更好支撑了放得更开更活。"六个双"监管机制创新为新区推进落实"证照分离"改革试点等一系列简政放权举措创造了良好的制度支撑，实现了以更好的"管"促进更大力度的"放"。如在因私出入境中介服务领域，公安分局依托事中事后综合监管平台，在探索落实"六个双"过程中，通过信息共享实现了对辖区因私出入境中介机构的信息筛查和比对分析，做到了智能、精准监管。在"证照分离"改革试点中取消了"因私出入境中介机构资格认定（除境外就业、留学）"审批，降低了行业准营门槛，推动了因私中介出入境服务行业的蓬勃发展。②通过分类监管维护了市场环境公平公正。通过探索实施针对行业风险和企业信用的"双评估"，实现了"双随机""双评估""双公示"之间的迭代联动，进一步提升了监管的科学性和精准度，维护了市场秩序和良好经营环境。比如，针对面广量大的食品餐饮行业，浦东新区市场监管局在“双随机”“双公示”的基础上，结合“双评估”工作，对风险较高、信用较差的经营者提高抽查比例逐年提高，通过科学分类监管，更好地维护了公平、统一、高效的市场环境。③通过协同联动提升了政府监管效能。“六个双”机制推动了职能部门在登记注册、许可审批、行业主管、综合执法等环节间的信息共享和措施联动，形成了覆盖市场主体全生命周期的完整政府监管链条，进一步提升了政府监管的协同性和效能水平。例如，新区人社局在“双随机”检查中发现的企业欠薪欠保信息，随即建立了预警名录，并推送至市场监管局、财政局、科经委等部门，对各部门在企业的荣誉评定、资金扶持、政府采购等工作中进行预警提示和联合惩戒，实现失信企业“一处失信，处处受限”。

改革深化无止境，上海浦东新区的这一改革探索还有待于进一步从三个方面继续深化。①深化信息共享。实践中信息共享仍然是“六个双”推广的“瓶颈”，新区要坚持“全域共享”不动摇，加快推进区级审批和监管业务流程在新区“政务云”上系统集成，实现区级政务信息全部进入“政务云”。逐步推进浦东新区所需市级部门政务信息和“政务云”实现信息共享或数据交换。②深化协同联动。协同联动是“六个双”复制推广的关键，但必须不停顿推进监管协同联动，在横向上推进条线部门协同和以行业监管为单元的跨部门联合“双随机”。在纵向上推进审管部门衔接，实现“六个双”在审批、监管和执法部门的全链条贯通。在竖向上推进条块部门联动，探索条线部门行业监管职能与街镇社会治理、城市管理等职能的协同联动。③深化法制保障。法制保障是“六个双”复制推广的基础。以信用为基础的联合奖惩，需要具体实施细则为支撑，在国家层面缺少法律的情况下，应该加强对《上海市社会信用条例》应用研究，完善行政处罚与刑事司法衔接机制，建立公检法机关与各监管部门案情通报、协同合作机制，形成惩戒合力。

（二）积极支持地方自主性试点

改革试点的目的是提高地方治理水平和治理能力现代化，为全国重点改革积极探索。努力提升地方政府的治理能力和水平的现代化，可以在极大的范围内实现人民积极参与治理的常态，还可以使人民强化对社会政治的关心，通过日常的意见交流形成共同治理决策。我们应该认识到，基层自主治理能力和人民群众的利益直接相关，正因如此，改革开放以来，各地方政府都以饱满的热情积极开展自主试点探索，这些探索为科学拓展治理空间，提升自主治理能力起到了很好的作用。近年来，在缺乏促进改革创新法律法规的背景下，不少地区人大和政府还努力探索为改革创新提供法制保障，制定相关规则的法治之路。

表3－1　部分地区改革试点和综改试验区

年份	试点地区	试点和综改内容
1979	深圳、珠海、汕头和厦门	经济特区试验
1985—2009	山西省临汾市翼城县	合法生育二孩试点
1988	海南省	优惠的开放政策和改革实验
1995	江苏镇江、江西九江	开展“职工医疗保险，社会统筹和个人账户结合”试点
2005	上海浦东新区	综合配套改革
2006	天津滨海新区	综合配套改革
2007	重庆市	统筹城乡综合配套改革
2007	成都市	统筹城乡综合配套改革
2007	武汉城市圈	资源节约型和环境友好型社会建设综合配套改革
2007	长株潭地区	资源节约型和环境友好型社会建设综合配套改革
2009	深圳市	综合配套改革
2010	沈阳经济区	新型工业化综合配套改革
2010	山西省	资源型经济综合配套改革

续表

年份	试点地区	试点和综改内容
2011	浙江省义乌市	国际贸易综合改革
2011	厦门市	两岸交流合作综合配套改革
2013	黑龙江省	“两大平原”现代农业综合配套改革

这些地区紧紧围绕立法和政府规章等形式，为改革创新保驾护航，对重大的改革内容进行规定，对重要的改革内容提出目标要求，并且积极稳妥地探索赋予改革者试错的环境。这些行为实际上就是地方立法改革探索的表现，体现了地方的改革创新精神。而试错环境的建立，又为改革者保驾护航，有利于改革者锐意进取，有利于地方借力进行改革试点，有利于地方拓展自主治理空间，有利于释放地方改革“活力”，有利于通过试点提升地方统筹能力，有利于推动地方经济社会又好又快地发展。地方自主性的改革试点，动力的内生性强，选题比较切中要害，对于这样的积极探索，中央也应该给予支持并进行指导和总结。例如，在表 3－1 中，1985 年在山西翼城县进行的二孩试点，如果开展认真的评估和在全国进行推广的研究，将极有利于为我国二孩政策较早的在更大范围试点，从而为有效改善我国老龄社会结构提供政策支持。这也同时反映出我们在一些有潜在高价值的试点中，提炼总结分析研究不够，使潜在的高价值不能转换为现实的经济社会改革政策。

专栏3-2 广东自贸区的制度创新

截至2019年4月，广东自贸区已经形成456项制度创新成果，向全省推广了102项改革创新经验和92个创新案例。经自行推荐、专家评审、组织评选，其中15个被选为制度创新最佳案例。

在投资贸易便利化方面：

第一，企业开办实行“一口受理6+X证照联办”。“照、章、银、税、金、保”1天办结，平均为每家企业节省112个工作日，简化反复提交材料100份。

第二，进口汽车便利通关及保税展示交易新模式。汽车检测效率提高3倍，当天检验、当天拟证、当天放行。2018年成为全国第二大平行汽车进口口岸。

第三，建设“离港空运服务中心”。以前海保税港区为中心的“全球揽货、前海积聚、机场直飞”进出口贸易“航空航运”模式，预计改模式成熟后，由前海登机的出口货物将达到每年8万~10万吨，每年节约物流成本8000万元。

第四，全省率先线上不动产登记，“互联网+金融服务”新模式。办理抵押登记在试点银行，“只跑一趟，只交一次材料”线上办理登记。注销“零跑动”，审批“零耗时”，平均办理时间2.5小时，缩短了10倍，大部分不动产登记从30日缩短到3~5个工作日内。

第五，“跨境”对澳合作新模式。澳门企业经备案后可在区内试点楼宇租赁办公，开通“横琴—澳门”跨境通勤专线，设立跨境消费维权网络处理平台，为澳门消费者挽回损失331.9万元。

在国际化营商环境方面：

第一，率先出台对外开放清单指引。南沙片区出台广东自贸区首张金融业对外开放清单指引，全国首张专业服务业对外开放清单指引，提高招商引资针对性，为境外投资者到区内投资相关行业提供政策指引。

第二，开展深港工商跨境文书流转信息化改革。创新推出简化版公证文书规范数据标准，统一港资企业数据格式，深化深港合作的首次尝试。

第三，以信用为核心跨部门协同监管平台。归集深圳市74家政府部门和市场机构涉及前海蛇口片区17万家企业的1500万条数据，建立“企业信用画像”，通过大数据识别重要风险信息，实现对市场主体高效监管。

第四，城市智慧化社会治理新模式。“物业城市APP”可随时投诉、反映、自行处理问题，系统自2017年4月上线以来，收到各类城市隐患问题及投诉1428宗，市民及志愿者处理率超过90%。

第五，构建知识产权平台“五环节一平台”新机制。推动成立“横琴国际知识产权保护联盟”平台，成员101家，其中港澳联盟成员22家。截至2018年底，受理商标注册3493件作品，著作权登记360件，商标质押业务8件，质押额达1.38亿元。

在金融开放创新方面：

第一，全球首个“香港+保税港区”飞机跨境转租赁项目。美国航空租赁公司在南沙片区落地“香港+保税港区”双SPV架构项目，利用香港税收和融资优势享受国内分期缴纳关税，通关便利，降低飞机租赁成本。

第二，全国首单“银行间市场央企供应链应付账款资产支持票据”业务。1453家供应链中小企业将其对中国铁建及成员单位的应收账款，根据融资需求通过平台在线转让至中铁建保理，在银行间市场发行资产支持票据募集资金来源。

第三，全国领先的场外期权创新模式，助理精准扶贫。海航期货首创推出“农户+农民专业合作社+期货公司”场外期权价格保障操作新模式。

第四，建立“前海鹰眼系统”实时监测近6万家前海金融类企业的网络舆情，针对87家机构形成风险监测报告。

第五，广东粤澳合作发展基金签约落地。2018年5月，由澳门政府财政出资200亿元，广东企业出资1000万元，组建粤澳合作发展基金，存续期12年，有效解决广东与澳门地区资金融通障碍。

（三）建立试点的容错、纠偏和预警机制

在中央深改领导小组第三十五次会议上，中央强调要尊重来自基层的经验和实践，听取基层的声音，获取基层的第一手材料。对新事物新做法的判断，要建立在符合实际情况和发展规律上，凡是符合这两条，就应该支持鼓励其大胆试、大胆改。只有这样，才能最大限度地保护地方的积极性，最大限度地调动各方面力量共同推进改革试点。《中共中央关于全面深化改革若干重大问题的决定》也强调，要鼓励地方基层大胆探索，因为改革本身就是一种前所未有的探索，存在一定的风险，如果我们不给改革者一个相对比较宽容的环境，实际上就可能变成对改革的一种束缚，被捆绑的手脚是干不出大事的。正因如此，对重大的改革试点工作，就需要及时总结经验；对因为方法性问题而不是原则性问题所出现的意外，就需要给予宽容，为全面深化改革及其试点营造良好社会环境。地方在这方面已经有一些积极的尝试，据不完全统计，截至2018年底，已有深圳、西安、重庆等20多个城市先后以地方立法和政府规章等形式赋予了改革者以试错的宽松环境。

从另一个角度看，改革试点会涉及各方面的问题，甚至关系到地方政府权力的调整，关系到公民权利的保障，所以对其设定试点负面

清单，规定“先行先试权”的权力限度是有必要的。如果借试点之名，行地方利益保护之实，就不仅影响我国的法治化进程，还会伤害到人民的基本权利。只有坚持讲规矩的“试点”，才能解决部分地区试点的随意性。我们追求到法治不仅要为敢想敢干的改革者提供“护身符”，也同时必须保障全社会成员的基本权利、自由和利益得到保护。

专栏3-3　国家发展改革委及时总结小城镇经验防止走偏道路

国家发展改革委2019年7月3日公布了“第一轮全国特色小镇典型经验”，以指导正在全国开展的小城镇建设。这些经验的及时颁布，起到了防止各地小城镇建设走偏路子的积极作用，包括16个精品特色小镇的五个方面经验。

一是在如何打造新兴产业集聚发展新引擎；二是在如何探索传统产业转型升级新路径；三是在如何开拓城镇化建设新空间；四是在如何构筑城乡融合发展新支点；五是在如何搭建传统文化传承保护新平台。这次经验介绍采用了相对统一的模式，均从主要运行模式、特色产业发展、宜业宜居宜游、特色文化内涵、机制政策创新和有益经验6个方面进行总结。

如在新兴产业集聚发展的新引擎里推出了浙江德清地理小镇的经验。该小镇是信息服务类小镇。以发展地理信息产业为核心，入驻地理信息企业240家左右，完成特色产业投资42亿元，年缴纳税收8亿元，发明专利拥有量280项。小镇规划用地面积5500亩，其中建设用地2000亩；已建成区域用地面积4500亩。

（1）主要运行模式。一是政府搭建平台。小镇建设初期，政府邀请了国际著名咨询公司罗兰·贝格做战略咨询、新加坡CPG集团负责编制控制性详规、南方设计公司完善小镇规划。政府负责道路等公共设施建设，并采取政府垫资代建的方式，帮助企业建设产业用房，为企业搭好“凤巢”后，再由企业以综合成本价购房，为企业分担建房压力。二是企业积极参与。随着小镇基础设施及酒店、餐饮、娱乐等配套设施的不断完善，地理信息行业龙头企业纷纷入镇，南方测绘和国遥等行业领军企业、中科院遥感所和武汉大学等科研院所陆续入驻，共同打造地理信息产业的集聚发展示范区、科技创新先行区、服务体验区、文化展示区和新镇区。

（2）**特色产业发展**。一是集聚地理信息产业。重点引进卫星导航与位置服务、地理信息软件研发、装备制造等领域的大项目和高层次人才，优化对企业的各项服务，吸引了地理信息相关企业240多家，共同打造地理信息“达沃斯”小镇。二是凝聚技术创新力量。建成地理信息科技成果交易市场，吸引了中航通飞研究院浙江分院、浙大遥感与GIS研究中心、中科院遥感所德清研究院等入驻，建成省级重点实验室中科院微波目标特性测量与遥感实验室。建立从苗圃、孵化器、加速器到产业平台“四维一体”的科技创业孵化链，建成国内首家国家级地理信息众创空间“地信梦工场”，并在北京、杭州成立异地孵化分中心，承接孵化优质项目20多个。开展与测绘地理信息学会、地理信息产业协会、卫星导航定位协会等的合作，多次举办地理信息产品技术发布展示会，推介产品示范应用。

（3）**宜业宜居宜游**。一是在生产空间上，累计投资50多亿元进行基础设施建设，投入使用了52幢产业大楼，提升核心区综合配套设施建设。二是在文旅空间上，建设了3.5万平方米的德清国际会议中心、3.5万平方米的展览馆、7000平方米的小镇客厅、330亩的凤栖湖，以及2000亩的树阵、花海等旅游景点，成功创建了国家3A级旅游景区。三是在生活空间上，建设了2000套人才公寓，为入驻企业员工子女建设了幼儿园。引进诺富特酒店、亚朵酒店、机器人餐厅、电影院、酒吧、咖啡吧等商业项目，实现小镇首个商业综合体——德清海洋城投入使用。开通了小镇途经市中心、直通德清高铁站的公交车，方便企业员工日常出行。

（4）**特色文化内涵**。一是举办了以“同绘空间蓝图、共建美好世界”为主题的首届联合国世界地理信息大会，近百个国家和地区1000名左右的行业专家、企业代表参展参会。这是经联合国执行局决定、由联合国各成员国参加的国际盛会，是联合国主办的规模最大、级别最高、内容最丰富的地理信息大会，也是测绘地理信息领域在我国举办的层次最高、覆盖面最广的重大国际多边活动。二是挖掘地理信息文化。建成全国首个地理信息专业展馆（小镇客厅），在挖掘清代德清籍著名地理学家等中外地理信息历史文化的同时，深入挖掘其高科技特性，衍生出地理信息高科技体验游。20多家园区企业全程参与升级改造设计建设，并提供所有展品与体验设备，吸引近3万人次参观。

（5）**机制政策创新**。一是政府扶持。出台《地理信息产业发展的若干政策意见》《扶持地理信息产业专项资金管理办法》，每年列支专项资金2000万元，打造具有竞争力的政策洼地，助推企业发展。二是试点先行。先后承接国家知识产权试点、企业投资项目审批承诺制改革试点、“标准地”和企业投资“一窗服务”试点等，取得初步成果，成功出让全国首块“标准地”，以“店小二”精神提供“菜单式”服务，深入推进“最多跑一次”改革。在浙江省率先实施EPC工程总承包模式，推进小镇配套设施和产业项目建设。三是党建助力。坚持小镇发展与党建工作一起谋划，在小镇内建立“地信红盟”党建品牌。

（6）**有益经验**。一是走出一条政府前期主导、企业参与的发展之路。政府负责小镇前期的规划建设管理运行等工作，建设完善基础设施，垫资代建或与企业联建产业大楼，再由企业以综合成本价购房入驻，解决企业买地建设的诸多烦恼。随着52幢产业大楼和2000套人才公寓的投入使用，以及其他建设的不断推进，小镇正在加快实现由政府主导向企业主导、市场化运作的转变。二是注重产业、文化、旅游和社区“四位一体”。小镇的国家3A级旅游景区独特内涵成为重要吸引力，文艺会演、小镇青年节、小镇长跑等成为特色文化品牌活动，高科技特性体验游也成为跨界融合发展的重要内容，成为科普、体验高科技的好去处，构成了产城人文融合发展的新型魅力空间。

（四）处理好顶层设计与基层探索的关系

当下我国改革的系统性、复杂性决定了需要改革的顶层设计，通过顶层设计可以起到统一思想，形成新的改革共识之结果。改革的实践告诉我们，科学地改革顶层设计的完成，往往就为形成比较统一的认识奠定良好的基础。绝大多数人都能认识到，改革开放是中国实现经济社会发展目标的必由之路，不改革是没有出路的，而且人们也渐渐认识到，依靠“强政府、大国有企业、海量投资”所赢得的经济发展和“繁荣”是靠不住的，经济发展方式必须有根本的转变，转变经济发展方式必须通过深化改革。

改革的顶层设计与基层创新必须结合起来，这是我们党的历史所证明的真理。坚持顶层设计与基层创新相结合，就是党历来提倡的“自上而下”和“自下而上”的统一。顶层设计的目的还是要解决发展中存在的问题，而这些问题就来自民众的诉求和基层呼声，如果脱离了基层改革基础，不关注基层的经验和做法，顶层设计就成为“空中楼阁”，成为“坐在办公室制造的产品”，不能解决中国改革中的实际问题，这样的顶层设计毫无意义。只有做到上下紧密结合，既从顶层设计中把握大方向，又从地方改革探索中获得新鲜经验，才能实现改革整体的突破和创新，既能指导地方发展改革，又具有全局意义。改革的顶层设计要有权威性，而权威性是来自具有战略远见、综合意识和全局观念，这也正是指导地方改革试点冲破地区利益的关键点。

顶层设计还必须与有效的推进机制结合起来，否则再好的设计，也难以落到实处。近年来，在实践中我们不难发现，即使有落实督办机制，仍然存在以文件落实文件、以会议落实会议的现象，改革任务的落实并非尽如人意。所以，顶层设计一方面要与基层创新相结合，另一方面顶层设计的落实不能仅寄托于地方和部门机构。反思很多改革之所以不彻底或进行不下去，与顶层设计和改革推进体制机制问题没有解决有很大关系。

案例分析 3-3　西咸新区如何建立“走出去”一站式平台

为了加快构建企业对外投资服务促进体系，切实提高各类投资主体境外投资的便利化程度，西咸新区沣东自贸功能区结合自身实际情况，创新建立陕西企业“走出去”一站式服务平台，实现政务服务与电子商务和综合服务集一身的多元化功能，为企业提供融合线上线下的全周期服务体系。

主要的做法是联合专业机构，充分利用两种资源、两个市场，采用大数据与互联网技术，重点在三个方面创新：一是在线审批，实时追踪。对接各上级管理部门，做好平台境外投资备案、对外工程承揽等行政许可权限的承接工作。将发展改革、投资商务等相关职能进行合并，采取一张表登记、一个窗受理，这种集中审批的方式大幅提高了企业境外投资效率。二是资源整合、综合服务。将金融、法律、税务、咨询、会计等专业服务机构功能整合，为“走出去”企业提供管家式、定制化、专业化、便捷化服务。三是信息共享、交互关联。平台涵盖了国别政策指南、投资项目信息、行业展会推荐等关联信息，充分展现平台信息共享的作用。同时，通过国际性活动、专题采访、全程跟进、远程视频会议等形式，传播中国及陕西的文明，扩大在经济、文化、教育、旅游等领域的双向交流与合作。

例如，陕西有色冶金矿业集团是首家通过一站式服务平台完成境外收购锰矿工作的企业。平台针对有色冶金集团需求，梳理出巴西、柬埔寨、哥伦比亚等可收购锰矿资源的国家，并与有色冶金集团负责人亲赴现场勘查、实地谈判后，结合项目地理气候条件、价格情况、政局情况等多方面因素，甄选出第一优选方案。平台集合专业的境外投资服务机构为有色冶金集团提供业务咨询、国别调查、风险评估、商务谈判、法律咨询、政策咨询、审批备案咨询、审计咨询、资产评估、尽职调查、可研报告、融资信贷咨询等服务。借助服务平台，集团仅耗费了 5 个工作日确定了第三方服务机构，3 个月确定了收购对象，减少了企业对外投资的风险，提高了企业对外投资的意愿及活跃度。

四、强化对试点工作成效考核评估

（一）完善引入第三方评估并形成常态

中央全面深改委第三次会议对关于引入第三方评价的问题提出了要求，我国当前政府在各方面的服务的确存在不少缺陷，要提升政府公共服务管理水平，要提高规范化、制度化水平，其实就是治理体系治理能力现代化水平的体现。只有引入第三方机构对政府的这些行为开展经济性、规范性、效率性和公平性的评价，才能发现问题，解决问题，从而有效地提升治理体系和治理能力。经济体制改革工作以试点的形式开展，通过局部的摸索，去努力的探索整体系统方案，从这样的关系分析，试点的成败就直接关系到改革的全局。所以，在改革试点中，也引入第三方评估，就可以发现试点中存在的问题，从而形成一种有效的外部制衡，而传统的政府自我评估，往往是自我肯定，只见树木，不见森林。将第三方评估作为一项制度定下来，会起到有效促进服务型政府建设的重要作用。

由于第三方组织实施的评估，是独立于政府之外的机构，具有独立、专业、权威等特征，这正是保证评估结果相对公正的基础。全面深化改革需要试点探索，而探索的有效性则需要公正、科学的动态评估。早在 2014 年李克强总理就强调，政府工作需要引入第三方评估。正是因为第三方的进入，相对独立地开展工作，可以获得更多丰富翔实的数据，从而能有效地起到监督作用，这正是自我评估所不能替代的。

但是，目前我国改革试点在引入第三方评估的工作上，一是没有明确的制度要求；二是缺乏相应的管理制度；三是部分地区虽然有一些相应的要求，但制度并不健全；四是前期及过程中的阶段性评估缺乏；五是现有方法难以满足改革试点探索性的要求，改革试点探索性的特征要求基于过程及互动的系统动态评估。

针对存在的问题，必须完善有效的第三方评估制度，严格机构准入，保证评估的独立性、客观性和公正性。必须严格第三方评估机构的资质管理制度，形成多专业多机构共同评估改革试点成果，使每个机构的评估具有针对性。必须健全第三方评估机构的委托制度，全面深化改革试点不仅包含不同层面，还包括建立良好的委托制度，选择合适的第三方机构，才能符合改革试点的评估要求。

（二）开展试点定期评估并形成制度

改革试点是带有未知特性的摸索，有一个总体的目标，但是，实现总体目标的方法和途径是多样的，所以，不可能进行常规的目标检查，只能以总体目标为方向，进行阶段性评估。近年来，一些地区出现了统计造假的问题，中央全面深改委第三次会议有针对性地对防范和惩治统计造假、弄虚作假等现象提出了严格的要求。要切实加强督察工作，确保统计数据真实准确；要进一步履行统计法定职责，彻底治理统计违纪违法现象；要坚决维护统计法律法规的权威，不断提升统计数据质量。改革试点也可能出现变相造假行为，如集中人力、物力来打造看点和亮点，并无推广价值，这种试点是作秀、是面子工程，根本谈不上改革试点。要防止这一类似的问题，有必要开展试点定期评估。包括自我评估和派员评估，自我评估是自己进行总结上报，由上级单位检查总结。派员评估除了掌握试点的基本方向外，主要是对试点的进程进行效果评估，也可以结合自我评估进行分析，对问题及时总结，对经验及时推广，这应该形成一个有效的制度。

五、加强对试点工作的总结推广和调整

（一）建立改革试点退出机制

2018 年 3 月召开的中央深改委会议决定全面启动并深化党和国家机构改革，这是全面深化改革的重大内容。长期以来，我国的机构改革始终徘徊不前，成为改革的一个顽疾，进入新阶段的全面深化改革措施，必将走向更深的领域、触及更深层次的利益、调整更加重要的制度体系，其改革的复杂性和艰巨性也会更加突出，所以，这标志着我国的改革进入到标志性的新阶段。党的十八届三中全会以来，改革一步步深化，其中对国企国资、户籍制度、财税金融、农村土地、公立医院等议论多年、阻力重重、牵涉深层次利益调整的改革逐一启动。到了今天，在老的问题还没有完全解决的情况下，又滋生出新的不合时宜的思想观念和体制机制弊端，复杂性、敏感性、艰巨性表明了全

面改革将继续走向深化、将继续调整利益格局、将继续触动体制机制，全面深化改革的任务，解决“利益固化的樊篱”的进程依然艰巨遥远。

在这样的背景下，原有的试点布局以及承担试点的地区和单位可能会出现几种问题：一是思想跟不上；二是条件发生变化；三是试点价值已经不大；四是已经超出试点期限。如果经过认真的评估发现存在这些问题，应该果断地进行调整，让原试点单位退出试点。不能背上试点的名，不干试点的事，改革试点项目绝非为试点而试点，试点的目的是推广，所以，必须坚决杜绝那些为了做样本而进行的试点。我们有不少这样的教训，一说试点，一些地方领导就想到了做样板，于是出现用投资堆、用政策补、用考核推的方式，这样的试点没有推广的价值，只是无端消耗人财物的花花看点，对改革没有任何意义，凡是没有推广价值的试点都不是真正意义上的改革。要制定有关的规则，对部分能够确定时间期限的，应该提出明确的要求，这样形成一个制度，形成良好的改革试点进出机制。

（二）对有成效的重大试点，早日形成制度成果推广

中央深改委第一次会议要求既抓顶层设计，为改革沿着正确轨道运行把脉定向，又抓重要领域、重要任务、重要试点，以重点带动全局。第三次会议又明确继续推进改革的重点，扎扎实实地把全面深化改革推向深入。我国改革试点的历史已经非常悠久，通过试点形成的经验对整个改革进程有很大的推动作用。但如前文所述，改革试点的成功经验推广工作总体上还是落后于改革进程的要求。当前，以下经验推广非常重要：一是激发制度活力、激活基层经验、激励干部作为；二是要激发制度活力，主动作为，充分发挥市场在资源配置中的决定

性作用，盘活优化配置资源；三是有专门的举措，让改革者想干事、能干事、干成事。

改革试点成果推广可以分类进行，对在面上切实可行的改革经验，可直接在全国推开；对带有区域性特征的改革经验，可以在区域内推广；对带有参照性的改革经验，可在同类试验区推广先行探索的路子和内容，减少改革的成本和摩擦；对于触及深层次的制度性问题的阶段性经验，特别是突破现行法律、政策界限的，本着完善法律、政策的需要进行总结，在小范围内进行讨论研究，使其发挥出正能量，起到以点带面推进改革的作用。如 2018 年，浙江省就形成了四个方面 26 条相对成型的改革经验，有关部门就应该及时加以推广。

表 3－2　浙江省到 2018 年形成的 26 条改革经验

聚焦营造最优营商环境，深化企业投资项目“最多跑一次”改革	1. 企业投资项目“标准地＋承诺制”改革
	2. 投资项目“三权四制”审批服务模式
	3. “四整合”推进建设项目全流程覆盖审批制度
	4. 政务服务“无差别全科受理”新机制
	5. “四批”联动打造“无证明县”
	6. 特定区域“打包审批，集成服务”模式
	7. 审批中介评估联合服务和网上竞价机制
	8. 涉企证照工商通办改革
	9. 企业名称自主申报改革
聚焦高质量现代化，深化科技体制创新	10. 高新企业培育新机制
	11. 产学研合作协同创新机制
	12. 海内外高层次人才带成果创业创新机制
	13. 异地借智的“创新飞地”模式

续表

聚焦提高资源配置效率，深化要素市场化配置改革	14. 自然资源统一确权登记改革
	15. 全域土地综合整治模式
	16. 长期吊销未注销“僵尸企业”强制清退机制
	17. 土地二级市场建设的“土地超市”新模式
	18. 工业用地“先租后让”模式创新
	19. 金融风险防范网络化管理机制
	20. “政保银”小额扶贫贷款模式
聚焦乡村振兴战略，深化农业农村改革	21. 跨县“飞地、造血”助推精准脱贫扶贫机制创新
	22. 农村集体资产股份权能改革
	23. 农村闲置农房激活机制创新
	24. 农村土地制度“四票联动机制”创新
	25. 民营资本参与农村产权交易市场建设模式
	26. 财政支持农民合作社发展新模式

资料来源：中改研究，2018-08-21。

（三）对关联度高互为条件的试点，统筹协调推进

我国改革试点真正进入良性轨道还是在20世纪90年代以后，从单一到综合、从渐进到全面的试点道路过程，反映了中国智慧，证明了人民才是创造历史的主人。充分重视调动地方、企业和人民群众的积极性，尊重和保护改革者的首创精神，是渐进式改革所遵循的基本原则，也构成了我国改革的基本经验。党的十八大以来，我们已经进入了全面深化改革的攻坚期，国家改革试点布局已经呈现扁平化，国家级开发开放新区基本覆盖各大区域；以自贸区为例，从2013年设立上海自贸区到2018年，我国一共设立了12个自贸区，除中国—东盟自贸区外，其余11个均以省级设立，遍布东中西和东北四大区域。自贸区的基本特点是彻底取消商品贸易中的关税和数量限制使商品自由流动、投资便利化、监管科学化等。我国的自贸区有很多相似的特点，在商品贸易自由化上处于同一起点，各种制度设计基本空白，面对自

贸区的服务意识落后，面积基本都在120平方公里左右，这些共同特点使他们在试验过程中有很多可以相互借鉴之处。那么，先行试验试点地区的经验就可以及时传递到后续地区，国家有关部门应该及时做好这类推广工作，如国务院2018年5月向各自贸区发出的第四批改革试点经验复制推广工作的通知就非常好，它可以大大降低多数改革未到位的试验区降低改革成本。同时，因为其改革有共同点，可以考虑进行联动统筹协调，沿长江经济带的自贸区可以探索如何利用黄金水道进行自由贸易联手等。

如在当前及其复杂的国际背景下，要使我国经济转向高质量发展，就必须进行供给侧结构性改革，以适应需求的不断升级，从而使供给端不断产生有效供给，这是个综合性的问题，需要高水平的统筹协调。首先强调供给侧结构性改革，不能忽略了需求管理，不能用低端需求引领供给侧结构性改革，而是要顺应现代化发展和人民群众对幸福的新追求所形成的升级需求，去引领高质量供给的产生。供给侧管理的逻辑证明需求管理对于经济增长具有不可或缺性，国家经济都存在这两个方面，只是在不同时期，不同国家，不同国情而确定以哪方面为主，但二者不能割裂、否定和对立。其次在供给侧结构性改革取得阶段性的成果后，要重新审视需求管理。经济增长的质量决定于需求增长的质量，人们有购买力，就意味着存在潜在的需求，关键是把需求刺激出来。用传统产品来刺激需求是不现实的，当传统产品的消费达到饱和，要扩大需求就需要新产品，新产品又主要体现在质量和功能的提升，这种新需求不断增长，就决定了经济必须高质量增长才能满足新的需求。第三是要打好增长的基础，就是解决靠什么来增长的问题。比如，我国现在有130多种关键基础材料研究是空白，

52%是依赖进口。绝大多数计算机服务器，通信通用处理器，95%的高端芯片，95%以上的智能终端处理器、芯片，都依赖进口，可见我们经济高增长的基础不牢靠。实现经济高质量发展，就必须面对并解决这个问题，按照习总书记的要求，就要建立自主创新的长效机制。所以，不论国有企业的改革，促进民营经济的发展，都要围绕这个来展开，这是解决中国高质量发展最重要的问题。同时也需要考虑国际分工的规律，世界没有一个国家所有产品都自己生产，总需要进口，进口与自主研发的分工，需要在产业细分的基础上来解决。

六、逐渐将改革试点工作纳入法治化轨道

（一）试点法治化是中国特色社会主义法治道路的重要部分

党的十九大报告要求建设中国特色社会主义法治体系和法治国家，建设法治政府，坚持依法治国、依法执政和依法行政。从严格意义上分析，改革试点是中央赋予地方先行先试的权利，也是地方自主治理权的展开，这是对现有制度的突破和新制度的试验，必须保障这一权利来源和行使的正当性，并使其受到必要的约束，服务于正当目的。有两大问题要解决：一是以实质法治的形式来保障权利来源和行使的正当性；二是以严格评估和监督的形式使其受到必要的约束。

改革的对象属于上层建筑领域，尤其是今天，全面深化改革已经触及制度和国家地方政权运行机制的问题，从这个角度看，也是国家地方治理体系和能力现代化的有机组成。所以，改革及其试点工作的法制化，也就构成了中国特色社会主义法治体系的有机组成部分。按照党的十九大安排，到2035年，我国要基本建成法治国家、法治政府和法治社会，基本实现国家治理体系和治理能力现代化。那么，与之

相适应的改革试点的法制化水平当然应该形成。也只有通过法治的渠道，才能完成转变政府职能，建设人民满意的服务型政府。所以，赋予省级及以下政府更多自主权的改革试点任务就显得尤其重要。

（二）现行的改革试点缺乏法治的保障

现行的改革试点在很大程度上拓展了地方的自主权，但由于缺乏法治层面的有力制约，采用试点方式拓展地方自主权的路径是有问题的，因为法治的缺位就可能导致试点的随意性，尤其是地方自主性的试点。从广义法的角度来看，各级政府的规章制度也属于大法的范畴，如果地方政府没有处理好局部与全局的关系，利用自主制定规章制度的途径来强化局部利益，这就完全会给改革试点引向歧途。目前，中央和地方以试点出台的制度性文件数量占比，地方明显超过中央，截至 2016 年 7 月，以“试点”冠名的规则总计 13715 条，其中国家部委层面占 23. 65%；地方占 76. 35%。[①] 如果我们设想的上述问题存在，就可能会出现地方超越现行法律进行试点的现象，甚至有可能触及法律底线，这就影响到社会的公平正义价值。如果再缺乏有效约束，地方公众的权益也很难得到有效保护。这些问题任其发展，不论中央试点和地方自发试点都可能戕害法治建设，损害广大人民的权益，走向改革的反面。现行的改革试点缺乏法治到保障主要表现在以下几方面。

第一，缺乏基本的形式法治。尽管试点在我国各级政府管理中已经有很长的历史，并逐渐形成了机制，但是缺乏统一的规范，这就难免造成运行的混乱和无序，严重的还可能引发试点的冲突和矛盾，不利于试点工作深化。目前以改革试点的法律位阶很低，绝大多数都是

① 通过“北大法宝”数据库，以“试点”二字检索。

规范性文件，极少量法律层面的规定，也仅仅是针对某事项或某地区进行某项试点的规定，并未涉及试点本身。而法治化主要应该解决的是原则、机制、程序和规范等问题，规定权力机关和执政部门以及中央地方的权限范围等。如果在权威体制下，上述一切依赖的是领导者意志，取决于领导者的好恶，领导者的错误就会带来全局的错误。法治思维和法治形式严重缺位不能长此以往。

第二，缺乏实质性的法治。在实际的试点工作中，由于没有形式上的法治，也就不可能有实质性的法治，没有规则就会带来随意。正如前面所谈及部分地方为了促进改革创新，确立了一些关于“试错免责”的规定，这的确可以为改革试点工作拓展创新空间；但“免责”仅仅是经济社会责任吗？显然也含有法律责任，法律责任的免除就必须具有法律的依据。我国目前的各级地方人大和政府组织法以及公务员法，并没有这方面的条款。如果利用“免责”来进行权力的扩张和滥用，甚至侵犯人们的基本权利，那就完全背离了改革的基本出发点。控制权力与保障权利是手段与目的的关系。政府之所以要承担责任，原因在于政府权力具有公共特性，忘记了这一点，就可能滥用权力。实质法治必须保障正义，必须注重社会公平和基本权利保障。比如，我国2011 年在上海、重庆进行征收房产税试点，两市的制定的规则都将市民划分为本市居民和非本市居民，并制定了不同的条文加以区别对待。一般多数非本市居民是中低收入者，对其购房再征收房产税无疑加重负担。这种人为划分两类市民的做法，就与宪法的平等原则和基本人权原则相抵触。

第三，缺乏科学评估和监督制度。对地方官员政绩的确认，一直缺乏一套行之有效的科学评估体系，而政绩与晋升是正相关的，这完全可能诱发一些人夸大试点的绩效，甚至进行一些“样本工程”和“看点工程”的试点，目的就是追求晋升，根本没有改革的普遍意义。历史上我们曾经有过这样的案例，试点工作任务下大了，目标也很明确，但最后却是不了了之。如早在20世纪80年代，中央政府就提出了地方政府机构职能改革的目标和任务，90年代又开始养老保险制度改革，但这些任务都因为时机不成熟而没有完成，也没有任何通报。由于定期评估机及其标准体系缺乏等原因，耗费了大量人力、物力和财力，一些试点也成为“烂尾工程”。试点是探索，探索可能成功也可能失败，为了防止意外问题出现，改革试点也需要科学的监督体系。改革试点尤其是中央授权或批准的试点，对于某些地方领导而言，更多地看到的是荣誉的成分，忽视了责任的担当，即便是出了一些问题，出于风险等原因的考虑，极有可能不认真履行监督权，加之我国司法地方化问题的存在，司法监督也失去了对试点行为的有效约束。公众监督更是由于信息不对称、监督途径不畅等原因，其作用的发挥更难尽如人意。

（三）改革试点的法治化路径

我国改革试点作为一项相对成熟的制度，应该尽早进入法治化轨道，这不仅对于试点本身有极高的价值，且对于确定未来的改革道路也具有重大意义。中央关于全面推进依法治国若干重大问题的决定强调了改革要于法有据，国家颁布的2015—2020年法治政府建设实施纲要也要求加强行政程序制度建设，其中最重要的就是必须对各类行政行为的主体、权限、方式、步骤和时限做出严格的规范。这些文件的制定，为确立改革试点法治化提供了重要依据和条件。

1. 改革试点法治化是中央和地方权力科学配置的保障

如前所述，无论是中央推动还是地方自主进行改革试点，都存在拓展地方的治理权利的问题。在一定条件下，权利是个常数，地方的拓展就意味着中央权力的移转，中央地方的权力合理划分，在很大程度上取决于权力配置方式。这种制度的设计，对于中央和地方表面上体现为权利的划分，实质就是地方自治发展空间的大小，所以，它会影响地方发展进程和管理目标的选择。对于地方而言，其追求的最大目标就是能够获得与自身相关的重要事务的决定权。当然，在我们这样的大国，地方政府的分权必须在中央政府的有效管理范围，也只有在中央政府的统筹协调下，地方政府所拥有的功能、权力和利益才能真正得到实现。例如，公共决策、人事管理、财政收支等。相对于缺乏稳定机制所确定的调整相比，法治化的配置方式对保障权力划分的正当性和稳定性强得多，因为这样的体制，能使地方各级政府通过人民代表大会来充分表达其利益诉求。那么，在《地方制度法》等法中，可以明确改革试点的一些基本框架原则要求，将中央地方权利划分的愿景边界提出来，而试点是在框架原则内进行的可行性探索。

2. 改革试点权力的来源需要法律的保障

改革试点所涉及地方权力的突破，不能超出国家权力的范畴，试点只能在国家权力系统内。按照第1点设想，试点是对现有权力划分的探索，必须在国家法律边界内进行，否则将使现有秩序处于混沌状态。正因于此，试点中探索的权力如果突破了现有的法律边界从理论上说，也应当是于法有据。那么，突破到哪一个层级的法律规范，突破的内容是什么，可能应当由国家相应的权力机关赋予试点单位相应的权利。在国家层面，《立法法》规定了全国人民代表大会及其常务委员会的授权权力，可以根据改革发展的需要，决定就某些领域的特定事项授权地方，在一定期限内暂时调整或者暂时停止适用法律的部分规定。这就为改革试点在一定范围突破现行法律提供了依据。在地方层面，《地方各级人民代表大会和地方各级人民政府组织法》也做出了相应的规定。如对县级以上的地方各级人民代表大会和常务委员会就授予了一定的权力，他们可以讨论并决定区域内的政治、经济、教育等工作的重大事项的权力。也就是说，在现有的法律框架下，对于经济社会改革试点的法律授权，其实并没有多大的障碍。如果按照上述规定，地方各级人大及其常委会完全可以讨论或决定在自己职权范围的事项。但为什么在现实中，人们老认为有阻力呢？这里有很多原因，其中之一就是政府都比较擅长于自行决定事项，而对于同级人大及其常委会讨论或决定事项，社会反而会认为没有政府的决定更管用。其实，就我国政体而言，由人民代表大会及其常委会所决定的事项，在更大范围和法律意义上更能代表广泛的民意，因为它才反映了权力的人民性，在更高程度上保障经济社会试点权力来源的合法性和正当性。

3. *改革试点的规则确定要以法治为前提*

究竟什么是法治？就是通过严格的规则对权力进行约束，通过这种约束，达到伸张正义、保障合法权利的目的。那么，经济社会改革试点法治化，就是通过法治的约束，在实体和程序上去规范政府的试点行为，防止借用此方式随意扩大权力，侵犯了公民基本权利。我国区域差异较大，各地试点方案及实施千差万别，加之试点包括社会各个领域，不同领域间的试点又各有特点。只有在权利受到监督的条件下，才能有效防止对民众权利的侵害。试点的规则制定不当，就完全可能偏离法治的轨道。例如，农村宅基地转让是一种新的交易模式，如果没有法治的保障，有可能在交易中出现许多令人难以想象的现象，而归根结底是对原住民利益的侵占；但如果我们能在实施宅基地转移的时候，就建立起国家收取房地产税的制度，那么，在计算应纳税所得额的同时，就可以形成一道保护农民利益的屏障，防止农民利益的流失。法治具有对妨碍公民基本权利和严重损害社会公平的行为给予坚决制裁的强大效力，也正因如此，任何授权如果违反宪法的基本精神也将无效。改革的目的与发展的目的是一样的，都是为了人民对美好生活的追求和向往，所以，改革试点本身要有鲜明的正当目的，改革的事项的实施需要积累经验，通过试点探索能带来预期收益或特定价值，最终提高公众的公共福祉水平。鉴于此，规则就显得非常重要，它要构建试点运行的程序，通过程序监控，约束试点的行为，通过专家论证以及听证等形式征集民意，试点实施过程中，通过其政府网站、报刊等渠道向社会公开过程成果，试点完成要进行公众评估和第三方专家评估。国家的验收要给予明确的定量评价，并根据推广的效果进行后评估。

4. 改革试点需要司法有力的监督

我国目前仅国家批准的改革试点遍布各地，中央和地方以各种方式和文件加以推进。试点在地方强大的行政力量推动下，在产生极大效力的同时，也容易偏离轨道走向歧途。在我们所设想的其他监督手段缺乏的情况下，结合当前推进的司法改革，强化司法监督是非常有价值的。依法相对独立司法职权的行使，可以提高司法监督的有效性，也同时可以从改革角度，监督地方利益狭隘化和行政过度化。对改革试点的监督可以尝试，如对众多的试点文件进行必要的司法审查，这完全是有法可依的，《行政诉讼法》就规定了行政相对人可以附带提起规范性文件的司法审查，还赋予了人民法院对规范性文件的司法审查权，构成了监督形式；人民检察院也可以通过打击滥用职权，防止官员借用改革试点掩盖违法犯罪事件，也是监督的形式。如果通过人大代表或政协委员，加强对试点行为的监督，这样，就可以形成一个比较有效的监督体系。

5．深化改革试点的具体法治策略

立足于法治化是促进改革试点在未来更加规范地发挥自身作用的基本着眼点，为使改革试点能在法治框架内规范进行，必须通过制度安排，减少试点方案与法律法规条文的明显冲突的概率，既要给改革试点权限又不妨碍法律的严肃性。如果明显与现行法律形成冲突的试点，应请求立法机构授权。授权的核心有两点：首先是试点方案在试验区范围可以暂行替代相关法律法规条文，具有法律效力，在试点结束时及时总结，将试点方案中的相关内容作为立法或法律修订的依据。其次是试点过程中的责任认定，尤其是试点失败（排除恶意造成的后果）并遭受相关损失时，应予以豁免，仅承担试点工作本身带来的后果，而不应该受到法律的处罚。此外，对试点期限应于明确限定，改革试点不能过于长久，甚至无限期地进行。一般应不超过一届政府的任期。对重大特殊性质的改革试点，应该分阶段进行，但阶段也要有时限。试点的范围也应该有严格的限制，试点不能超越所限定的范围，我国在建设经济技术开发区和高新技术开发区的时期，就有不少城市在国家批准的区域已经开发完毕后，另划一块地又带上开发区的牌子，其实后者并没有得到国家有关部门的认可，而地方也不可能享受到开发区的国家有关政策，挂牌子的目的主要是招商引资，这样的行为并不影响国家政策。但试点范围随意扩大就会带来影响，国家批准的试点是根据区域主体功能特点来确定的，具有地域的特性，所以不得随意扩大地域范围。非试点的地区应严格按照既有法律法规办事，由于部分改革试点可能带来政策红利，先行先试就意味着会先得红利，以致出现地方或竞争试点现象。所以，必须对试点工作的时间期限安排得当，以平衡非试点区域对改革红利的合理预期。

6. 深化改革试点的技术策略

改革到目前，各个领域除了相对更加复杂外，其进展深度也完全不一样，多领域改革进程同时开启并相互交织的态势越来越明显。针对此，改革试点必需因势利导地做出调整，横向注重统筹、间接指导与自主探索结合；纵向注重顶层设计与基层创新相结合，在试点类型、内容与实施主体间形成有效系统配合与平衡。

横向技术策略的把握要点是，对改革试点在不同领域的功能定位做出划分界定。全面深化改革阶段，面对的是各个领域的改革成熟度是不一样的，有些处于开拓期，而有些处于发展期，还有处于攻坚期，这就带深化改革的复杂性特征，也使处于不同进度各领域的改革目标导向发生变化和分化，这也要求改革试点发生相应调整。总体要求是对试点工作进行系统性安排；处于开拓期的改革领域，其单一性和独立性的试点特征居主导地位，应该以创新的精神全力推进。从总体上看，全面深化改革将越来越突出其试点在总体统筹与局部探索、整体指导与自发创新的分化及协作。对于已经进入到相对成熟期的改革事项，应该注意及时进行总结推广，使改革试点的成果转化为稳定的制度体系。由于改革的复杂性和艰巨性，需要研究新的试点类型及方法，如根据实际情况，可以进一步明确试点和重点任务，将整体目标分解为细化的多个项目，既有总体布局的基础面，又有重点突破的关键点，二者的整合就可以取得综合性的效果。在成熟的改革领域，试点类型应该以综合试验区，如综合配套改革试验区、省部共建试验区和跨地区、跨领域的大型综合试点等。我国的综合配套改革试验区其实早在21世纪前10年就已经布局完毕，比较典型的就是东中西部的全面综改、“两型社会”和“统筹城乡”。目前已经进入新一轮的布局，如东中西部的自由贸易区改革试点。强调纵向的统筹并不意味着放弃单一试点。对于基本缺乏经验积累，难以进行整体推进，开展单一独立试点还是必要的。对于具有特别意义和特殊区域特征的地区，采用中小型试点项目就比较合适。

纵向技术策略的把握要点是，改革试点在不同领域各有侧重，试点主体有所不同，如何形成具有综合价值改革的优势？重要的就是个体的试点既有其相对优势，又能相对弥补，如中央就可以充分发挥其统御综合协调功能，对各个试点信息进行大数据处理并加工，抽象成为宏观战略判断思维；而地方就要从本地实际情况出发，创造性地将顶层设计与自我创新有机结合起来。所以从纵向角度的试点路径考虑，应该对综合性强、涉及面广的改革直接由中央政府部门为主，地方政府为辅进行；而单一独立性强的改革试点，以地方政府为主。从宏观、中观、微观三层面推进试点。中央宏观层面主要牵头重大制度改革以及复杂性、敏感性、系统性较强的改革试点，首先是做好顶层设计，其次是统一组织实施。对带有区域性的重点领域和关键环节改革，就在中央有关部门指导下开展，取得经验后及时总结推广。地方微观层面单一性强的改革，地方政府可以结合自身实际，在得到有关批准后，自组进行改革试点。

7. 正确处理改革试点与法治的关系

试点是我国40年改革发展历史证明了的重要正确方法，进入新时代，要全面提升政府治理体系和治理能力现代化，必须使试点要向法治化试点方向转化，这是法治国家的需要，更是全面深化改革进程的需要。改革只有法治的保障才能得以长久地坚持和深化，所以，处理好改革与法治的关系，应该就是试点能否有效展开的前提，改革与法治关系的正确处理，是改革试点顺利开展的基础和前提条件。改革与法治是对立统一的辩证关系，如果改革试点可能被人利用谋取狭隘利益，法治的作用就是保护最广大人民的根本利益；试点是需要成本的，制度性成本是难以估量的，而法治就可以最大限度地降低成本，降低制度性风险。之所以要试点，就是因为可能遇到风险，盲目试点的风险更大，法治就是规避风险，可以从制度角度把风险降低到最低水平；改革试点可能出现错误，法治的作用就是防止出现全局性、长期性的错误。总之，法治为改革保驾护航，这是二者最大的统一。

面对全面深化改革，传统的改革实验办法面临多重挑战，如改革已经由存量改革为主变为增量，这必然触及既得利益者；改革的对象已经由对别人变为对自己，这必然要求非凡的勇气和决心；改革试点的路径已经由相对单一变为全面综合，这不仅需要胆识更需要智慧；改革试点已经由初期的思想统一、干劲十足变为多元认识并陷入疲软态势；改革试点在有些地方已经由初期的开拓创新闯新路，变为浑水摸鱼的代名词，不少人开始质疑今天改革试点的必要性。如果这样，我们又需要试点，但人们又质疑试点，怎么办？借助法律这个强大的武器，将民意与规范的试点结合起来，才能更有效地推动改革的深化，推动试点更好地进行，使人民群众可以通过法治来实现获得权益的保障，进而分享改革的成果。所以将改革试点纳入法治轨道，让广大民众在改革试点的实践中既贡献智慧又获得实惠。我们认为，改革及其试点的法治化路径就是积极创造条件加快制定《改革法》，各领域的改革及其试点都在《改革法》的大框架下进行，改革及其试点必须遵循法治原则、恪守法治底线、沿着法治道路前进。

参考文献

[1]党的十九大报告辅导读本[M]. 北京:人民出版社,2017.

[2]毛泽东. 关于领导方法的若干问题(一)[J]. 青海党的生活,2016(6):41.

[3] 胡鞍钢. 邓小平时代:中国政治经济史论(1977—1991)[Z]. 清华大学国情研究院,2011.

[4]邓小平文选[M]. 北京:人民出版社,1983.

[5]江泽民在中国共产党第十六次全国代表大会上的报告[Z]. 2002.

[6]江泽民在中国共产党第十五次全国代表大会上的报告[Z]. 1997.

[7]胡锦涛在中国共产党第十八次全国代表大会上的报告[Z]. 2012.

[8]胡锦涛在中国共产党第十七次全国代表大会上的报告[Z]. 2007.

[9]习近平. 在庆祝改革开放 40 周年大会上讲话[Z]. 2018.

[10]习近平. 新征程上改革仍大有可为[J]. 创造,2017(11):7.

[11]习近平总书记在中央全面深化改革委员会第一次会议上的重要讲话[Z]. 2018 - 3 - 28.

[12]习近平总书记在参加全国政协民建、工商联界委员联组会议上的讲话[Z]. 2016 - 03 - 04.

[13]习近平在中央深改组第七次会议上的讲话[Z]. 2014 - 12 - 02.

[14]十八届三中全会《中共中央关于全面深化改革若干重大问题的决

定》[Z]. 2013.

[15]高举中国特色社会主义伟大旗帜,为夺取全面建设小康社会新胜利而奋斗[M]//《十七大报告学习辅导百问[M]. 北京:党建读物出版社,学习出版社,2007.

[16]十六届三中全会《中共中央关于完善社会主义市场经济体制若干问题的决定》[Z]. 2003.

[17] 吴敬琏. 中国经济改革进程[M]. 北京:中国大百科全书出版社,2018.

[18] 本书编委会. 构建开放型经济新体制综合试点实验创新举措汇编[M]. 北京:中国计划出版社,2018.

[19]高尚全. 中国改革开放40年回顾与思考[M]. 北京:人民出版社,2018.

[20] 彭森. 十八大以来经济体制改革进展报告[M]. 北京:国家行政学院出版社,2018.

[21]宋晓梧,孔泾源. 国家综合配套改革试验区评估报告[M]. 北京:中国财政经济出版社,2015.

[22]彭森. 中国改革年鉴2017[M]. 北京:中国改革年鉴社,2017.

[23]周望. 中国"政策试点"研究[D]. 天津:南开大学,2012.

[24]顾德瑞. 试点与改革:地方自主权的扩展路径[J]. 理论月刊,2016,11.

[25]徐善长. 关于综合配套改革试验的进展、经验与启发[J]. 经济社会体制比较,2013(6).

[26]张旭,李会军,郭菊娥. 经济体制改革试点第三方评估理论基础与未来发展[J]. 经济体制改革,2016(1).

[27]阎逸,夏逸,姚海滨. 扎实推进各项改革试点落地生根[J]. 浙江经

济,2016(14).

[28]徐立国．我国经济体制改革试点第三方评估存在的问题及建议[J]．现代商业,2015.

[29]叶知秋．自贸区改革再深化 续写改革开放新篇章[N]．财会信报,2018－11－26.

[30]张琦,沈毅．新时期改革与开放关系的再认识[J]．改革与开放,2016(18).

[31]重庆市综合经济研究院．重庆统筹城乡改革试点经验总结评估[Z]. 2018.

[32]贡慧(复旦大学经济学院). 房产税改革试点的比较分析[J]．中国房地产,2011(4).

[33]匡增杰,孙浩上海自贸试验区国际贸易“单一窗口”建设研究[J]. 经济体制改革,2018(5).

[34]党的十八届三中全会《决定》学习辅导百问[M]．北京:党建读物出版社,学习出版社,2013.

[35]陈池．打造广东体制升级版[N]．南方日报,2013－11－18.

[36]农业农村改革再出发[J]．云南农业,2018,12.

[37]国家发展改革委《关于印发第一批国家新型城镇化综合试点经验的通知》(发改规划〔2018〕496 号)[Z]. 2018.

[38]习近平在中国共产党第十九次全国代表大会上的报告[Z]. 2017.

[39]朱哲恒．论中国特色发展道路的历史必然性[J]．中共南昌市委党校学报,9(3):48－51.